心のトリセツ「ユング心理学」がよくわかる本

長尾 剛

PHP文庫

○本表紙図柄＝ロゼッタ・ストーン（大英博物館蔵）
○本表紙デザイン＋紋章＝上田晃郷

文庫版まえがき
「私たち日本人にとってのユング心理学――ユング心理学とアドラー心理学」

心理学。

それは、人の心の中身、人の心の「仕組みや動きの法則」を知ろうとする学問です。つまりは、人の心を研究する「科学の一ジャンル」です。

だから私たちは、心理学によって、

「なるほど。『人間の心』とは、元はこういうもので（元型）、こういうふうに育ってきて（過去）、こういうふうにできあがったのか（現在）。そして、これから、こういうふうになっていくのだな（未来）」

と、理解できます。それは、取りも直さず、

「なるほど。私の心は、こういうものだったのか。そして、私はこれから、こういうふうになっていく可能性があるのだな」

という「今の自分に対する、より深い理解」と「自分の未来の発見」に、つな

がります。それは、まさしく「自分にとっての、本当の幸せ」を見つける道標《みちしるべ》となります。

だから、心理学とは、誰にとっても「知る価値のあるもの」です。そして、誰にとっても「興味深いもの」です。

近代の心理学は、一八七〇年代に、ドイツのヴィルヘルム・ヴント、アメリカのウィリアム・ジェームズという二人の学者がそれぞれ、本格的な研究を始めました。そのため、この二人は「心理学の父」とも呼ばれています。

そして、ほどなく、こんにちに言う「三大心理学者」の登場によって、心理学は大きく発展し、確立したのです。

その「三大心理学者」こそが、

オーストリアのジークムント・フロイト（一八五六〜一九三九）、
同じくオーストリアのアルフレッド・アドラー（一八七〇〜一九三七）、
そしてスイスのカール・グスタフ・ユング（一八七五〜一九六一）、

の三人です。

この三人は、二十世紀前半から半ばにかけて旺盛な研究活動を続けました。ただし、フロイトとアドラーは当初、共同研究をしていた仲間でしたが、ユングは、初めフロイトに師事していましたので、二人より若干「後輩」扱いになるでしょうか。

三人の心理学は、まさしく三者三様です。それぞれに独自のアプローチで「人の心」を見極めようとし、「人が幸せになるには、人生をどのようにとらえるべきか」を説きました。

そして、それぞれの方法で、「心の病」に苦しんでいる人々の治療に、献身的にあたりました。つまり彼らは、学者であり医者でした。彼らの治療は、それぞれの方法で、患者当人も自覚しきれていない「心の病の原因」を探り、それに合った治療を施すというものです。この「心の病の原因を探る」という医療行為を、「精神分析」と呼びます。

ところで意外なことに、この三人の心理学を、それぞれに詳しく学べる環境にあるのは、全世界でも、日本が一番なのです。

欧米では、ユング心理学に関する良い入門書は、ほとんど見かけられません。フロイト心理学などは、むしろ否定的にとらえられて、十分な理解がされていない傾向さえ、あります。欧米において、三者の中で比較的広く知られているのは、アドラー心理学くらいでしょうか。それさえも「誰もが知っている」というレベルとは、とても言えません。

日本で、この三大心理学が一様に学びやすいのは、古くから日本人の心理学研究者に優れた人物が多く、彼らの尽力によって、良質の日本語翻訳書や研究書が、数多く生み出されてきたからです。フロイト心理学、アドラー心理学、ユング心理学それぞれの学会・研究会も、日本では、活発な活動がなされています。私たち日本人は「心理学を知る」という点において、じつはかなり「恵まれた環境」にいるのです。

中でも、古くから日本人に親しまれ、知られてきたのはユング心理学でしょう。

筆者もまた、三人の心理学の中では、ユング心理学が「一番シックリくる」気がします。本書は、そんな筆者が、現在の日本のより多くの方に、ユング心理学を、まずは知っていただきたくて書いた入門書です。

ところで、二十一世紀も十年以上が過ぎた二〇一〇年代のこんにち、それまで私たち日本人にあまり知られていなかったアドラー心理学が、ある意味で「現代日本人への啓蒙の教え」として、にわかに脚光を浴びたのは、誰もが記憶に新しいことでしょう。つい最近、二〇一七年の一月からは、アドラー心理学を解説した名著『嫌われる勇気』（岸見一郎・古賀史健、共著）のタイトルをそのまま使った刑事ドラマが、テレビで放映される。――といった「珍現象」まで起きたほどでした（もっとも、このドラマのアドラー心理学に対する理解は、はなはだ浅薄なものでしたが）。

本書はもちろん、あくまでもユング心理学を説明したものです。したがって、ユングと師弟関係にあったフロイトには若干触れていますが、ユングと直接の接点がほとんどなかったアドラーについては、まったく触れていません。そこで、せっかくですから、この「文庫版まえがき」の中で、アドラー心理学とユング心理学を比較して、少し述べておきます。

じつは、この二つを比べることで、「日本人には、ユング心理学が一番シックリくる」という筆者の考えも、よりよく解っていただけることにつながる。――と思うのです。

まず、両者の違いを端的に述べると、次のような表現になるでしょう。

アドラー心理学では、「自分の心は、自分だけのものだ」と示す。対してユング心理学では、「自分の心は、自分のものであると同時に、人類すべてのものだ」と示すのです。

どういうことでしょうか。

アドラー心理学では、「人の心は『その人だけのもの』であり、他の何人からも、他のどんな力からも、振り回されたり左右されたり、ましてや蹂躙《じゅうりん》されたりしない。過去の経験に縛《しば》られることもなければ、周りの人間に心の中へ踏み込まれることも、ない」と述べます。まさしく「個人の尊厳」というものを、高らかに述べるのです。アドラーは、自らの心理学を「個人心理学」と呼んでいましたが、じつに的を得たネーミングでしょう。

そしてアドラーは、「だから人の心は、自分の努力次第で、今、自分が『こうなりたい』と目指せる姿に、きっとなれる」と、強く主張します。人の心の可能性というものを、どこまでも認めます。

アドラーのこの説は、「人の心は、過去に存在した『他者からの影響』によってねじ曲げられたり押しつぶされたりは、しないはずだ」という結論に行き着きます。「現在にまで強く影響している過去の心の傷」を、心理学では「トラウマ(日本語で表現すると『心的外傷』)」と言いますが、アドラー心理学では、この

「トラウマ」を完全否定するのです。

　対して、ユング心理学は（フロイト心理学と同様）、「トラウマ」の存在を認め、言ってしまえば「人の心は現在も、過去の経験と密接につながっている」と考えます。だから人は、「現在の自分ばかりを見るのではなく、過去の自分も見ることで、自分の心の本当の姿が見えてくる」と、説くのです。

　そしてユングは、その考えをさらにダイナミックに、大きなスケールにまで広げました。すなわち、

「現在の心に影響を与えている『人の過去』とは、その人個人の過去だけではない。それは『全人類の過去』でもあるのだ。つまり、人の心とは、個人を超えて、過去の全人類、そして現在の全人類の心と、つながっているのだ」とまで、考えを発展させたのです。

　この発想は、「個人心理学」と銘打ったアドラー心理学とは、まったく対照的なものです。

　このユングの説では、確かに「人は、過去に縛られている」とも言えます。けれど、同時に「人は、過去と、ともにある。過去とは、今の自分の仲間・共同体なのだ」という「無限の味方」を得ることにも、つながります。そんな頼もしさ

を感じさせてくれる考え方です。

そして、この両者の説では、「人間関係」のとらえ方にも、大きな違いを生みます。

アドラー心理学では「心は自分だけのもの」ですから、他人には理解できません。したがって、人同士が解り合うためには、「相手を理解しようとする努力」と「相手に自分を解ってもらおうとする努力」が、求められます。つまり、互いの思いやり、互いへの「相手の心を大切にする気配り」が、求められるのです。人間社会は、そうやって「互いを大切にする優しさ」を「意識する」ことで、成立します。

対して、ユング心理学では、そこまで「他人に対する意識」を重視しません。人の心とは、過去も現在も「全人類で結び合っているもの・共有しているもの」なのですから、「他人を解ろう・他人に解らせよう」としなくとも、ごく自然に解り合えるはずなのです。

それが解らないとしたら、その原因は「他人が解らないから——なのではなく、自分で自分が解っていないから」なのです。そしてその結果、すれ違いや誤解が生まれ、現実として「自分で自分を苦しめる」ことになってしまいます。

つまり「自分を知れば、他人も知ることができて、人間関係・社会は、すばらしい共同体になれる」というのが、ユング心理学の教えです。

筆者は、私たち日本人の心は、ユング心理学によって、より理解されやすい。――と、考えます。

私たち日本人の歴史は、欧米の歴史と違い、穏やかで豊かな「日本列島の自然の恵み」の中で、温かく支え合って育まれてきました。ごく自然に、互いに解り合う共同体として、日本人は生きてきました。

私たち日本人の誰もが共感する、あの有名な宮沢賢治の詩「春と修羅・序」の冒頭を、思い起こしてみてください。

「わたくしといふ現象は
仮定された有機交流電燈の
ひとつの青い照明です」

「風景やみんなといつしよに
せはしくせはしく明滅しながら

いかにもたしかにともりつづける
因果交流電燈の
ひとつの青い照明です」

まさしく「わたくしの心」とは「みんな」の中の「ひとつ」。その「ひとつ、ひとつ」が集まって「みんな」の心という、大きな灯火になっている。
――と、宮沢賢治は述べているのです。

この意味は、ユング心理学の教えにつながるものだ。――と、筆者は感じずにはいられません。

だからユング心理学は、私たち日本人の心を解いてくれるものだと、筆者は思います。本書を通し、読者の皆様にも、きっとそう感じ取ってくれるものと、筆者は信じています。

はじめに

人の心ってわからないなぁ。……そんなふうに感じてしまうことは、だれにでもあるものです。

複雑で奥深い「人の心」という存在。その正体とは何なのでしょう？

この究極の疑問に、真っ正面から挑み、きわめて説得力のある素晴らしい解答を示してくれた人物が、現代心理学の巨人カール・グスタフ・ユング（一八七五〜一九六一）です。

彼の開拓した「ユング心理学」は、きわめてオリジナリティにあふれた学問です。言い換えるなら、「心の疑問に対するユング独自の解答」です。ですから、他者からの批判や反論も、もちろんあります。

しかし、それ以上に世界中の多くの人々に支持され、あらゆる「人の心への疑問」を解く優れたキーとして、高く評価されてきたものです。そして何より、**心の病に陥《おちい》って苦しんできた人々を救うきっかけを見出し、そうした人々に希望**

を与えてきた学問なのです。**ユングが目指したのは、人の心に関わるあらゆるものの探究を通して、人そのものの素晴らしさと可能性を確認すること**でした。そのうえで、**「人にとって本当の幸福とは何か」の答えを見出すこと**でした。

　このユングの目標は、確かに果たされています。ユング心理学は私たち現代人すべてにとって、生きる喜びを見つける手助けとなる学問なのです。

　本書は、そんなユング心理学のエッセンスを、専門知識など持たないふつうの読者の方々にもわかってもらえるよう、できる限り日常的な表現で説いた入門書です。肩肘《かたひじ》はらずに気軽に読んでいただければ、「ユング心理学って、こんなものなんだ……」と納得していただけるのではないかと、筆者としては自惚《うぬぼ》れています。

　ユング心理学が日本に初めて本格的に紹介されたのは、一九六〇年代です。故・河合隼雄《かわいはやお》氏がチューリッヒにあるユング研究所から帰国し、その研究成果を国内で発表したのです。

　それ以降、日本でも数多くの優れたユング研究者が輩出《はいしゅつ》されました。「日本ユング研究会」など研究団体の活動も活発です。

ですが筆者は、あえて「多くの読者と同じである心理学のビギナーの立場」から、本書の執筆を心がけました。したがって、ビギナーには難解だと判断されたものは、あえて外しています。

初めての方が、難解な説明にいきなり接してしまって「ユング心理学なんて理解できない」と、食わず嫌いのように放り出してしまうのは、じつにもったいないと思えるからです。それほどに**ユング心理学を知ることはだれにとっても素敵な体験**だと、筆者は考えています。


本書は、四つの章で構成されています。第一章から第三章までが、いわば本篇です。この三つの章を順次読み進めていただくことで、ユング心理学の全体が、だいたいつかめるようになっています。

そして第四章は、ユング心理学において「もっとも誤解されやすいエッセンス」である「オカルト的な問題の研究」について、まとめて説明しています。ユング心理学を少々うさんくさいと感じている方も、この第四章を読んでくだされば、そのイメージを払拭《ふっしょく》してもらえるのではないでしょうか。

本書執筆にあたってご教示をいただいた先達《せんだつ》のユング研究は、数知れません。深く感謝致します。

二〇〇七年師走

長尾　剛

心のトリセツ「ユング心理学」がよくわかる本

目次

PART 1

「ユング心理学」の基礎知識

ユング心理学の基本「意識・無意識」「第二の人格」「心の病の克服法」を押さえておこう

PART 2

心のタイプ・性質を見てみよう

ユング心理学の「普遍的無意識」「タイプ論」「コンプレックス」を知っておこう

PART 3

心の元型・闇をのぞいてみよう

人の心の行動を決める重要なプログラム
「元型」や「シャドー」「ペルソナ」「アニマ・アニムス」を探ってみよう

PART 4

ユングと「オカルト」の世界

ユングは、霊、UFO、占いなどをどのようにとらえていたのだろう？

PART 1

「ユング心理学」の基礎知識

ユング心理学の基本
「意識・無意識」「第二の人格」
「心の病の克服法」を押さえておこう

1 人の心には自分の知らない「もうひとりの自分」がいる

自分の心の正体を探るユング心理学

ユングは、私たち現代人に「人の心の深いメカニズム」を、きわめて明確に説いてくれた初めての人です。

彼がまとめあげた**ユング心理学は、私たちが「自分の心の正体」を知る術《すべ》を教えてくれます**。私たちが自分の心の本当の願いに気づき、「自分にとって本当の幸福とは何か」を理解するための、大きな手助けとなるものです。

そもそもみなさんは、自分で自分の心を「わかっている」と言えるでしょうか？「そんなことは当たり前だ」と、やはり答えますか？

たしかに、自分がやろうとしていること・自分が憧《あこが》れていること・自分の好き嫌い・自分にとって正しいと信じていること……そうした「自分の心の要素」はすべてわかっているはずです。でも、人の心とはそれだけではないのです。

心には、本人が自分でわかっている部分、すなわち「意識できている部分」だけではなくて、本人にも明確にわかっていない部分、すなわち「無意識の部分」もある。――と、ユングはまず私たちに教えてくれています。

「自分の心に自分でわからない部分があるなんて、おかしな話だ。そんな理屈、納得できない」と、あるいは思うかもしれません。しかしこの「本人にもわかっていない心の部分」は、日常生活でもたびたび現れ、その存在に気づかされているはずです。

たとえば、自分の行動に「ついうっかり～してしまった」とか「思わず～した」とかいったことがあるでしょう。

「ふだん私は読書なんか嫌いで、本なんか読みたいとも思わなかった。でも、この本は面白くて、ついつい徹夜して読んでしまった」

――なんてこと、ありますよね。

ユングの略歴

カール・グスタフ・ユング

1875年7月26日生まれ
1961年6月6日没

スイスの精神科医・心理学者
・深層心理について研究
・分析心理学の理論を創始

ふだん意識していない無意識の自分

なぜつい読書に熱中したのでしょうか。

「その本が特別に面白い本だったから」と、まずは説明できます。しかし、それだけで説明は十分でしょうか。

本当に心底から読書嫌いの人間だったなら、どれほど面白い本であろうと、読書という行為そのものが辛いだけで、決して喜びなどは感じられないはずです。

じつは、その人の心の中には、もともと「読書を楽しめる自分」という要素が隠れていたのです。そして出合った本が、たまたまその心の要素を目覚めさせるのにちょうどよく、その人の興味を引く内容だった。だから、それまで隠れていた「無意識の読書好きの部分」が刺激されてムクムクと表に現れ、徹夜して読書に熱中するという行動を起こしたのです。

これが「ふだん意識していない無意識の自分」の存在です。

こんなとき人は「私がこんなに一所懸命に本を読むなんて、思いもしなかった」と、自分のことなのに、まるで他人の行動だったかのように思えてしまいます。

そうなのです。「無意識の自分」とは、「意識している自分の心」から見ると「まるで他人のように独立している存在」だというわけです。

自分がわかっていない、独立した存在。人の心の中には、そんな要素があるというわけです。

相反する自分も、すべて自分

さて、ここで、次のような疑問が新たに浮かびます。

じつは自分の心の中には「読書好き」という要素が存在していた。

では、それまで「意識していた自分」、すなわち「読書嫌いの自分」というのは、誤ったとらえ方だったのでしょうか。

そうではないと、ユングは説明してくれます。

この人にとっては「読書嫌いの自分」も「読書好きの自分」も、両方「本当の自分」なのだよ。——と。

つまり**心には「自分について意識している部分」と「自分でも意識できていな**

い心の奥底の部分」があり、この両者は対照的な性質を持っているものなのだ。

――と、これがユングの答えです。

対照的な性質が心にある理由

ではなぜ、心はそんなふうになっているのでしょうか。対照的な性質が一つの心に宿っていることに、どんな意味があるというのでしょうか。人間にとって、そんなことにプラスの意味があるのでしょうか。

たしかに「対照的な二つの存在」というのは、「対立し、衝突するもの」あるいは「互いを否定し、攻撃し合うもの」といった感じがします。そんな存在にプラスの意味があるとは、思いづらいでしょう。

ですが、ユングはそんなふうにはとらえません。

対照的な二つの存在とは、ぶつかり合うものではない。互いの足りない部分を補い合うものなのである。対照的だからこそ、それが対立するのではなく、合わさることによって「一つの完全な形」になれるのだ。――と。

つまりユングは、**一つの心に「対照的な性質を持つ要素」どうしが存在するか**

らこそ、その両者が合わさることで「完全な人の心」が導き出せる。どちらか一つだけしか現れていない心とは、じつは不完全な心なのだ。

——と、心の全体の姿を示すのです。

2　意識と無意識のバランスが崩れると心の病にかかる

今なお独創的なユング心理学

ユングはもともと医学を目指した人でした。人々の病を治し、健康に導くことを、彼は人生の目標としていました。

そして人は、時として「身体の病」だけではなく「心の病」にかかることがあります。

若き日のユングは、自らの医学の道として、この「心の病」を癒し治す分野を選んだのです。それは、彼に天が与えた使命だったと言えるかもしれません。それほどにユングの研究と成果は、独創的であり、効果的であり、今なお多くの「心に病を持つ人々」を救いつづけています。

心の病とは、身体のどこにも欠陥や問題点がないのに、健康的な生活が送れなくなってしまう、といったものです（ですから、「脳の障害」が原因で起こる病気は、心の病ではありません）。

病気になるとはどういうことなのか

そもそも「病気」とは、何でしょうか。

私たち生き物にとって、生きつづけること・苦痛を避けること・ほかの生き物と共存することが「正しい存在の形」です。その正しい形でありつづけることが、健康的な生活というわけです。

ですから、この正しい形からずれてしまった状態になっていたら、それは病気と呼ぶべきです。

理由もないのにイライラしたり、「いけないことだ」とわかっているのにちょっとした理由で暴力をふるってしまったり、眠る・食べるといった「生き物なら当然すること」ができなくなってしまったり、「自分は宇宙人なのだ」といったようなあり得ないことがどうしても事実だと思えてしまったり……と。こうした状況に陥《おちい》った場合、その人は心の病にかかっていると考えなければなりません。

なぜなら、これらの症状のままでいつづければ、その人は周囲を傷つけ、自分を傷つけ、自分の生存さえ危うくするからです。

こうした心の病は当然、身体の病と同様に、はるか昔から存在していました。しかしユングの時代まで、十分な理解は得られていませんでした。

たとえば、心の病が原因で他人にやたらと攻撃的になり、他人の気持ちを傷つけてばかりいる人がいたとしましょう。ですが、周囲が心の病について知らなければ、その人が病気だとは気づかず、ただの「自分勝手で思いやりのない悪人」というレッテルを貼って嫌悪し、遠ざけるだけでしょう。

当人は当人で、そんな言動は周囲にも自分にもよくないことだと「意識＝理性」ではわかっていたとしても、それをやめることができません。なにしろ、その言動は自分ではコントロールできない病気の症状なのですから。

意識と無意識のバランスが崩れると……

ユングは、このように長年にわたって人類が無理解でありつづけた心の病の正体を、独自の研究と分析で見事に突き止めた人でした。こうした心の病はこんにち、ユング心理学をはじめ専門の医学の世界では、いろいろと種類分けされています。ですが、その根本は共通しています。

ユングの説明によれば、**「心の病を患《わずら》う」ということは「その人の心の中で、意識と無意識のバランスが崩れた」、言い換えるならば「本来は心の奥底に静まっていて表に出ないはずの無意識が暴走した」ということ**なのです。

人の心の中では、当然のことながら「意識の部分＝自分で自分を自覚できる理性の部分」が、主導権を握っています。いわば「無意識の部分」をコントロールするわけです。このコントロールがうまくいっているときは、心の中のバランスが取れています。ですが、そのコントロールに誤りが生じてしまうと、無意識は「私を、こんなふうに扱《あつか》いやがって！」とばかりに怒り出して暴走するのです。

心の病は、このようにして発病します。そして、いったん発病するや、適切な処置がなされないと、どんどん悪化してしまう場合が、少なくないのです。

どんな状況（症状）であれ「身体に病気はないはずなのに健康的な生活をできていない」という実感があったなら、それは「心の病かもしれない」と、まずは自分で疑いましょう。

また、自分のそばにいる人が、そんな状態だったなら、その人の言動を「ワガママだ」とか「怠《なま》けている」などと一方的に否定せず、優しく受け入れてあげたいものです。

3 ユング心理学は心の病を治す医学

ユングが精神医学を選んだ理由

ユングは、人間の心の病がどのようなものであるか、その正体を明確に示した人でした。

一八七五年生まれのユングは、一〇代の後半に医学の道に進むことを決め、一八九五年に大学の医学部に進学します。ですが、やはりこの時期の彼が目指していた医学は「身体の病を治す医学」でした。

彼は学生時代に、自分が具体的には医学のどんなジャンルを専門にすべきなのか、悩みます。

けれどもそれは、「外科に進むか、内科に進むか」といった選択でしかありませんでした。

しかしユングは、医学という「人の身体」を研究する道を歩みながらも、子供時代から「人の心」にも大きな興味を持っていた人だったのです。そして、その両方を研究する道というものを、じつは探していたのです。

そんな折、彼は、当時まだまだ発展途上の医学ジャンルであった「精神医学」に出合います。その教科書をたまたま読んで、とたんに「これだ！」と我が道を悟ったのです。

「この道こそが、生物学的事実と精神的事実が共存する、私の求めていたものだった」と、ユングは当時の気持ちを、のちに記しています。

まだまだ遅れていた当時の精神医学

とは言え、当時の精神医学とは「心の病を観察し、記録する」といったレベルでしかありませんでした。つまり、天文学者が星の動きを観察するように、ただ心の病の患者の言動を観察するだけなのです。

それは、心の病の患者を「病人＝治療が必要な人」と正しくとらえず、珍しい自然現象のような「変わった存在」というように、誤ってとらえていた、ということです。

（こんにちでは、心の病の治療を受ける人を「患者」と呼ぶのは一般的ではなく、専門の医師に相談に来る「来談者」などと呼びます。ただし本書では、ユングの時代の表現に合わせ、また一般読者の混乱を避けるために「患者」で統一します）

そうした中にあって、**ユングは「心の病とは、身体の病と同じく治療できるものだ」という真実に気づきました。**つまり、心の病の患者は決して、元から「異常な存在」なのではなく、本質は「健康な人間と差のない、正常な人格の持ち主」だと認めたわけです。

だからユングは、心の病の患者の症状——妄想や幻覚——にも「他人でも理解できるはずの意味」があることを認め、その立場から精神医学を自分なりに研究していきました。

そうして、ユングは発見したのです。一般の人間から見て「意味のないこと」を患者が語っていたとしても、その患者にとっては「個人的な体験につながる意味」が、ちゃんとある。だから患者の言葉は決してでたらめではなく、その患者にとっては「本当のこと」なのだと。

月の世界に住んでいたい女性

たとえば、ユングのこんな治療例があります。

ユングのもとに訪れたある一八歳の女性は、拒食や幻想の症状を持つ患者で、彼女はユングに「私は月の世界に住んでいたのです」と語り始めたといいます。

ユングはそこで、「そんなバカなことは現実にあり得ません」などと反応せずに、あくまでも彼女が「彼女にとって本当のこと」を語っているという態度で、彼女と対話をつづけ、辛抱強く治療しました。

すると、ついに彼女は「自分は地球人だから、月にはもう帰りたくても帰れないのだ」と納得するようになったのです。その結果、彼女は故郷に帰り、結婚をしてふつうの日々を送れるようになったといいます。

彼女の「月で暮らしていた思い出」というのは、たしかに彼女がつくり出した空想ですから、ふつうの人には意味のないでたらめ話としか聞こえないでしょう。しかし、それは彼女にとって必要なものだったのです。

というのは、彼女は一五歳のときに性的な虐待《ぎやくたい》を受けて、そんな現実世界を受け入れることが耐えられなくなっていたのです。「月の思い出」は、そんな彼女の精神の崩壊を押しとどめるため、彼女の無意識が生み出したものだったというわけです。だからユングは、その思い出を決して否定することなく、あくまでも「彼女にとって本当のこと」として受け入れたうえで、彼女と接しつづけたのです。

心の病は無意識が生み出すもの

こうした治療と研究を重ねることによって、**ユングは「心の病とは、その当人の無意識が生み出すものだ」と確信**しました。

そして、心の病の治療とは、無意識そのものを駆除することではない、「無意識が教えてくれている病の原因」を克服することなのだ。――と。

4 心の病を治す「対話」「造形」「夢分析」の三つの方法

心の病の治療は簡単ではない

心の病というものは、それがどんなものなのか、病んでいる当人でさえ容易に説明できるものではありません。

さらに、その原因は個人個人のものであり、当人も忘れている（無意識の中にしまい込まれている）遠い過去の体験が、原因であったりします。

その遠い過去の体験記憶が、無意識の中でうごめいて、爆発するわけです。

ですから「こういう症状だから、原因はこうで、治療法はこうだ」といった単純なパターンですませられるものではないのです。

心の病を治す方法に共通する目的とは？

ユングは、当人でさえわからない心の病を究明し、それを治す手助けをするために、いくつかの方法を編み出しています。それらに共通した「目的」として、次のことをあげています。

①当人に、病の原因を突き止めさせる
②その原因と当人を向き合わせて「そうか、私はこのために、苦しんでいたのか」と納得させる
③その原因を克服して、「私は、これからはそんな原因に縛《しば》られず、本当に自分らしく生きていくのだ」と、強く生きる意思を生み出させる

この一連の経過には、とても長い時間をかける必要があります。なぜなら病の原因そのものが、そう簡単に発見できるわけではないからです。さらに重要なことには、医師側が「この患者さんの病の原因は、これではないか」と気づいて

も、それをストレートに患者に向かって「あなたの病は、こうしたものです」などと宣言してすむ問題ではないからです。

心の病を治すには、患者である当人がその原因に納得することが、まず必要です。しかし、それは他人に指摘されて「はい、そうですね」などと単純に受け入れられるようなことではないのです。

自分自身が自分の心と向き合い、自分の心の病を理解して、納得する。それはあくまでも当人の力でなされるべきことなのです。自分が納得する前に他人から「あなたの病はこうだ」などと指摘されては、むしろ「私に限って、そんなことはないはずだ。失礼なことを言うな！」と、反発する気持ちが強く表れてしまう場合も、少なくないのです。

心の病を治す「対話」「造形」「夢分析」

心の病を患者当人が追究し、納得していくためには、「対話」「造形」「夢分析」の方法があります。

「対話」とは、医師と患者が向き合い、患者の心の状況や不満、未来への願望などについて、話し合うものです。

このとき患者の話す内容は、常識的には「異常な不自然なもの」になる場合もあります。また、異常とは言えないまでも「自分の能力を超えた非常識な願望」になる場合もあります。

たとえば「私は将来、総理大臣になりたいのです」などと真剣に語る人もいるでしょう。

しかし、前の項目であげた「月で暮らした思い出話」などからもわかるとおり、それらは患者当人にとっては「意味のある真実の言葉」なのです。

次に「造形」とは、絵画や箱庭づくりなど、患者が思うがままに何かを形にしていくというものです。言葉で表しきれない心のメッセージが、造形によって表されるのです。

そして「夢分析」とは、患者が見た夢についていろいろとその意味を探り、そこから患者の病の正体を突き止めていくというものです。

これらの方法には、共通して大切なことがあります。それは、**これらの方法によって語られた言葉、表されたものには、その人の無意識が伝えようとしている「隠された意味」があるということ**です。

たとえば、患者が「恐ろしい怪獣の絵」を描いたとしましょう。しかし、その人は単純に「怪獣を怖がっている」わけではありません。

その怪獣とは「自分の心をいつも脅かしている何かの圧力」を表したもの、たとえば「過度な親の期待」とか「会社の厳しいノルマ」を意味しているのかもしれません。

そうした心の奥底にある、いわば「無意識世界に巣くっている病の原因」を、これらの方法で見出すというわけです。

5 言語連想検査で無意識世界を探る

言語連想検査の方法

ユングは、患者との対話をとても重視した人ですが、その対話治療法を一つの形式にしたのが、「言語連想検査」です。

これは、次のような方法で行われます。

まず、医師側があらかじめ一〇〇個の言葉を用意します。

これは「頭・緑・水……」など、人が日常生活でごくふつうに接している言葉です。そして、これらの言葉を次々と患者側に投げかけ、患者に、それらの言葉から思いつく別の言葉を瞬時に述べていってもらうのです。

たとえば「頭」と言ったら「髪の毛」、「緑」と言ったら「公園」というように。

当然、反応して思いつく言葉は人それぞれです。たとえば「頭」に対して「帽子」、「緑」に対して「田んぼ」などの言葉がパッと思いつく人もいるでしょう。**こうした言葉のやり取りによって、患者の個人的な心の状況や問題点が見えてきます。**

なぜならば、人によっては特定の言葉に対して、一般的な感覚では思いもつかないような反応をする場合があるからです。

たとえば、「緑」と言われて「赤」と答える人がいたとしたらどう思いますか？「ふつう、そんな連想はしないだろう」とだれもが不思議に思うでしょう。

しかしその人は、たとえば「子供時代に、緑が生《お》い茂る草原の中で、大量の血を流して死んでいる動物を見てしまった」といった過去があり、その過去の記憶が思わず「血の色」をよみがえらせて、「緑」に対して「赤」と答えたのかもしれません。そして、そのときの恐怖心が、その人の心にずっと引っかかっていたのかもしれません。

言語連想検査は「対話」を一種のゲームのようにルール化して、心の病巣を探るものです。

この検査方法は、じつはユングが行う前から精神医学の世界でポピュラーになっていたもので、ユングのオリジナル・アイディアではありません。

反応スピードが心の病発見のヒントに

しかし、ユングがこの方法で着目したポイントが、とても画期的だったのです。

従来の検査では、患者側が反応した言葉の内容にだけ注目していました。たとえば「どうしてこの患者は、『緑』に対して『赤』と答えたのだろう……」というように考えていったわけです。**ところがユングは、患者の「反応スピード」に着目したのです。**

人によっては、特定の言葉に対して反応するのが、とても遅い場合があります。別の言葉なら、ちょっと考えて次々と言葉が浮かぶのに、その言葉に出合ったときだけ、数秒、数十秒と考え込んでしまったり、何も答えられない場合さえあるのです。

そうした場合、「その人の無意識のパワーが心の中でその言葉の連想を妨げている。それほどに、その人にとって辛い、苦しい、思い出したくない何かの原因があるのだ」――と、ユングは考えたのです。

言語連想検査で患者の反応スピードに着目したユングは、この検査を行う際にストップウォッチを持って、患者が反応するまでの時間を「四分の一秒単位」で記録していきました。そして、同じ検査をすぐに繰り返すことで、前に述べた言葉と違う言葉が出てくるパターンなどを分析し、患者の心の病を探っていったのです。

言語連想検査で一躍有名になったユング

言語連想検査の実施と成果は、精神科の医師としてスタートしたばかりのユングを、一躍有名にしました。ユングは一九〇九年、三四歳のときにアメリカのクラーク大学に講演のため招かれますが、これも、当時の言語連想検査の成果が評価されてのことです。それほどにユングのこの検査は、無意識世界を見出す画期的な方法だったのです。

また、余談ながら、この検査法は近代の犯罪捜査の装置である「嘘発見器」の開発のきっかけともなっています。

これは、犯罪被疑者に犯罪に関する質問をいろいろして、その反応（呼吸や脈拍の変化など）を科学的に分析し、被疑者が嘘をついているかどうかの有力な参考にする。――という装置です。

そして、この装置のアイディアの元が、ユングの言語連想検査だったというわけです。ユングの意外な歴史的功績の一つと言えるかもしれません。

言語連想検査には限界がある

ユングは当初から、この言語連想検査を、決して「万能」とは思っていませんでした。なぜなら、この検査は、結局は科学的な実験でしかないからです。

そして「この言葉でこの反応だから、その心理はこうなっている」というような統計的な分析になってしまいます。

それはもちろん、人の心を知るうえで、参考にはなります。ですが、人の心とは一人ひとり違うオリジナルなもの。そんな人の心が、統計分析のような科学的な実験だけで完全に理解しきれるはずはない。――というのが、ユングの考えでした。

6 ユングの言語連想検査の実例

子供を亡くして心の病に苦しむ女性

後年にはユング自らがかなり否定的だった言語連想検査ですが、それは「人の心を知る」という点で万能ではないとはいえ、実際には見事な成果をいくつもあげました。この検査のおかげで、心の病の克服のきっかけをつかめた人も、たくさんいます。

ユングが実際に行った言語連想検査の中で、とくに有名な実例があります。一九〇五年、彼が勤務していたスイスのブルクヘルツリ精神病院で治療した患者についてです。

その患者は三〇代の既婚女性で、幼い子供をチフスで亡くし、また、結婚前に夫とは違う男性をひそかに愛していたという過去がありました。

この女性はひどい抑うつ状態で、妄想や幻想に悩まされ入院していたのです。病院は彼女を、回復はほとんど不可能なほど重度の心の病と診断していました。しかし、子供の死や結婚前の恋などといった体験が、あらゆる人を必ず「重い心の病」に追い込むとは考えにくいでしょう。そこにはきっと、より深くて特殊な事情があるはずです。

彼女は言語連想検査の中で、「天使」という語に対して「子供」と答え、「青い」という語に対しては、子供の名を答えました。亡くなった子供の目が青い色だったからです。彼女の心には、やはり子供の死という現実が大きく、重くのしかかっていたのです。

また、「水」に対して一度目は「湖」とごくふつうの反応をしたのに、二度めには、時間が多少かかったあげくに「チフス」と答えました。また、「不正」という言葉に、なかなか反応できませんでした。

彼女は子供を見殺しにした

そのほかにもいくつかの特徴ある反応を彼女は示しました。そしてユングは、これらの結果から彼女の病の原因を突き止めたのです。

彼女は結婚前、愛していた男性の気持ちも確かめず、自分の片思いだと思い込み、別の人物と結婚したわけです。が、結婚後に、じつは片思いではなく、その男性も自分をひそかに愛してくれていたことを知ったのでした。

その後のことです。彼女の住む地方では、風呂のお湯には川の水をそのまま使う習慣がありました。そして、子供を風呂に入れているとき、幼いその子が風呂の中でスポンジを吸って遊んでいるのを見ていながら、彼女はそれを放っておいたのです。風呂のお湯には、川のチフス菌が含まれていました。そして子供はチフスに侵され、死んだのでした。

ユングは突き止めました。

彼女は「結婚前の時間に戻って、愛していた男性と結ばれたい。結婚をなかったことにしたい」と願うあまり、「結婚の証《あかし》である子供という存在」を消したい、と無意識に思ってしまった。だから、子供が汚い川の水をスポンジから飲み込むのを、止めなかった。

つまり彼女は、無意識のうちに「我が子殺し」をしてしまった。その罪を自覚する恐ろしさから、心の病になったのだ。――と。

ユングが考案した連想検査の刺激語リスト(1908年)

実験者		年齢	性別
被験者		年齢	性別
		日付 ／ ／	

1 頭	26 青い	51 カエル	76 洗う
2 緑の	27 ランプ	52 別れさせる	77 牝牛
3 水の	28 罪を犯す	53 空腹	78 未知の
4 歌う	29 パン	54 白い	79 幸福
5 死	30 金持ちの	55 子供	80 嘘をつく
6 長い	31 木	56 監視する	81 礼儀
7 船	32 刺す	57 鉛筆	82 狭い
8 支払う	33 同情	58 悲しい	83 兄弟
9 窓	34 黄色の	59 プラム	84 恐れる
10 親切な	35 山	60 結婚する	85 コウノトリ
11 机	36 死ぬ	61 家	86 偽りの
12 尋ねる	37 塩	62 好きな	87 不安
13 村	38 新しい	63 コップ	88 キスする
14 冷たい	39 習慣	64 争う	89 花嫁
15 茎	40 祈る	65 毛皮	90 純粋な
16 踊る	41 お金	66 大きい	91 ドア
17 海(湖)	42 愚かな	67 カブ	92 選ぶ
18 病気の	43 ノート	68 描く	93 干し草
19 自尊心	44 軽蔑な	69 部分	94 満足した
20 料理する	45 指	70 年取った	95 嘲り
21 インク	46 高価な	71 花	96 眠る
22 悪い	47 鳥	72 打つ	97 [暦の]月
23 針	48 落ちる	73 箱	98 すてきな
24 泳ぐ	49 本	74 野生の	99 女性
25 旅行	50 不正な	75 家族	100 罵る

ユングは悩みましたが、彼女にこの真実を告げました。「あなたの病は、子殺しの罪悪感が原因なのですよ」と。

苦痛を乗り越えるしか回復の道はない

彼女は、まったく意識していなかった自分の罪にショックを受け、自殺さえ考えたと言います。

このように、病の原因となった心の真実と正面から向き合うことは、たいへんな苦痛をともなうものなのです。

しかしユングは「彼女は、この苦痛を乗り越えるしか回復の道はない」と、判断したのです。

ユングは彼女を支えつづけました。こうして自分の本当の心と真っ正面から向き合うことで、彼女には生きる力がわいてきたのです。

二週間後、彼女はついに病を回復させて退院し、罪を背負いながらも強く生きていけるようになりました。

ユングは『自伝』の中でこの体験を語ったのち、こんな意味の言葉を述べています。

心の病の治療とは、常に「相手の心のすべて」に関わるのだ。症状だけが問題なのではない。**私たちは、その人の「表に出ていない部分を含めた心のすべて」から答えを求めるように、相手に接しなければならない。**――と。

7 無意識の世界を垣間見るには?

絵を描けば無意識の実態がわかる

言語連想検査、そして対話による「心の探究」は、いわば「無意識の実態を『言葉』にする」という作業です。しかし、自分でもわからない無意識世界を言葉で表すというのは、とてもたいへんなことです。

ユングは「無意識の実態を表す」ために「絵を描く」という方法を実践しています。

四〇歳前後の頃、ユングは、人の心の正体が漠然とつかめるようになってきて、それを目に見える形に表そうと努めました。そして、その「心の正体をつかめたような感覚」を表すのに、毎日のように「大きな円の模様」を紙に描いていたのです。

ユング自身は、何かの真似《まね》などではなく、思いつくままにその模様を描いていたのです。しかし、それが後から、悟りの心を表した「マンダラ図」に通じるものだったことがわかりました。**ユングはこの発見で、東洋文化が人の心を深く探究する精神性を宿していることを知ります。**

また、ユングは四〇代の頃より人生のいろいろな壁にぶつかります。そうしたとき、子供の砂遊びのように小さな建物づくりにふけったり、彫刻家のように石を削って石細工をほどこしたり、さらには自らの手で本物の塔を築いたりといった行動をとっています。

これらは、ユングが「自分の心を形にして観察できるようにしたもの」です。言ってみれば、ユングが「自分で自分にほどこした精神治療」でした。

ちなみにユングの塔は、一九二三年・四八歳の年にひとまず完成し、それからも増築を経て、一九三五年・六〇歳の年に仕上がりました。中世の城のような立派な姿をしたこの塔は、ユングが自ら石を運び、積み上げたものなのです。

彼は晩年、時折この塔で電気もガスも使わず、キャンプのように数日を過ごすことを楽しみにしていました。この塔は、ユングの心を目に見える形にした、いわば「ユングのマンダラ」だったわけです。

あれこれ論理的に考えず、思いつくまま「目に見えるもの・触れられるもの」をつくってみる。そうして生み出されたものの意味を、後から考えてみる。こうしたやり方は、心の奥底・無意識の世界を理解するのに、とてもよい方法なのです。

夢には心の病克服のヒントが隠れている

夢とは何でしょうか。それは「当人にも理解しきれない心の奥底を映像として見せてくれるものだ」と、心理学ではとらえます。

ですから夢を見ることは、自分の心を「何か具体的な姿」として感じ取るということです。

心の病を抱える人にとっては、夢を見ること自体が、すでに治療の第一歩なのです。

そして、その夢に込められた心の状況を分析することによって、心の病の原因や克服する道が見出されていきます。

こうした「夢の意味」は、やはりユング以前から精神医学の世界で認められていたことでした。

ただユングの場合は、「夢が表している意味」を見出すやり方が、じつに幅広く、柔軟性があったので、とても的確な分析ができました。

夢を神話や昔話と関連づけたユング

夢には、見た当人の個人的な体験や知識が大きく影響します。ところがユングは、夢の意味を探る際に、そうした個人的なことばかりではなく、神話や昔話など、もっと幅広い「人間の文化」とも、夢の内容を関連づけて考えました。

「人の心には、個人的な体験や知識を超えた共通部分がある」と、ユングは考えていたからです。

たとえば、夢の中に「四角い部屋」が現れたとします。当人には、部屋が四角だろうが三角だろうが、それが「自分の特別な体験や思い出」につながるとは、感じられません。しかしユングは、それを重視するのです。なぜならば「四」という数字は、中世ヨーロッパの「錬金術《れんきんじゅつ》」において「完成を意味する数字」だからです。したがって「この患者の心は、何かを完成させつつある。つまり心が一人前に成長しつつある」と、分析するのです。

夢には個人体験を超えた意味がある

なかには、こうしたユング流の夢分析を奇妙に感じる方がいるかもしれません。「その患者が錬金術についての歴史的知識を持っていなかったとしても、そんな説明は成り立つのか？」と。

その問いに対し、ユングは「そのとおり。成り立つのだ」と答えます。**歴史的な文化や文学とは、人それぞれが知識として知らなくとも、その大本は人類に共通したもので、だれの心にもあるものだから。**――と彼は主張するのです。そして実際に、こうしたユングの「夢の意味を、個人体験を超えて探る」という方法は、こんにちのユング心理学の中心にさえなっています。「ユングと言えば夢」といった「宣伝文句」が聞かれるのも、無理からぬことです。

さらに「心が見せてくれる映像」として、ユングは「目が覚めているときでもフッと現れる映像もある」と、説明します。いわゆる白昼夢です。ユングはこれを「ビジョン」と呼んで、やはり重視しています。

8
人にはみな「第一の人格」「第二の人格」がある

二つの顔を持っていたユングの母親

人の心の中には、ふだん本人が意識できていないもうひとりの自分がいる。すなわち「無意識の自分」が存在する。ユングがこの事実に気づいたのは、彼の少年時代でした。

少年時代のユングは、まず母親に、それを発見したのです。

ユングは、母親が好きでした。この母は快活でおしゃべり好きで、他人の話にもよく耳を傾ける人だったといいます。要するに、だれからも好かれる明るい人だったわけですが、それは言い換えるなら「だれもがその人を怖がらない、無害で常識的な人だった」ということです。

ところがユングはしばしば、この母親が、常識からかけ離れたドキリとするような言葉を口にする場面に出合うのです。

その言葉はたしかに、鋭く物事の本質を突いた正しい意見でした。しかし、常識的には他人への遠慮などから言いたくても言えないようなことで、そうした言葉を平気でフッと言ってしまうときの母は「不気味」でさえあったと、ユングは語っています。

ユングが六歳の頃のことです。近所のある金持ちの息子がいつも贅沢《ぜいたく》な衣服を着飾って、ユングを含めたほかの子供をバカにするような態度で接していました。腹に据えかねたユングは、とうとうその金持ちの子を殴ってしまったのです。当然、金持ちの親は猛烈に怒って、ユングの家に怒鳴り込んできました。

ユングの母は平謝りに謝り、また、涙ながらにユングを叱ったのです。「他人《ひと》様《さま》に暴力をふるうなんて、断じていけない」と。それは、じつに常識的で道徳的なお説教でした。

ところがユングは、その事件のすぐ後で母親が部屋に独りでいるとき、「あの金持ちが悪い。子供をあんなふうに育てるなんて、まったく悪い」と、ブツブツ言っているのを目撃します。

それは、あの金持ち一家をはっきりと怒り憎んでいるかのような様子で、ユングを叱った常識的な母親とはまったく別人のようでした。

ユングはそこで「あ、これはいつもの母ではない」と感じました。そして「母親の中のもうひとりの母親」の存在に、気づいたのです。

いつもと違う人間性＝「第二の人格」

ユングはのちに、こうした「その人の、ふだん見せているのとは違う人間性」を「第二の人格」と呼んでいます。ユングの母は、この人格が、時々はっきりと表に出る人だったというわけです。

さらに、たとえばユングの父が死んだとき、この母はその死を嘆《なげ》き悲しみながら、「でも、お父様はおまえのためにはいいときに死んだわね」と、ユングに向かってフッと口に出したといいます。

たしかに、ユングは父親とはあまりうまくいっていなくて、これから大学に進む時期のユングにとって、父親との衝突は悩みのタネでした。ですから母親の言うとおりだったのです。しかし、自分の夫の死を「よかった」と平然と口に出してしまうのは、あまりにも非常識で、不気味でさえあります。

これもまた、ふだんだれにでも好かれる好人物の母親にはそぐわない態度であって、このときもユングは、「あ、母の第二の人格が出た」と直感しました。

「第二の人格」はだれもが持っている

こうした「第二の人格」は、ユング本人もまた、自分の中に見出していました。「私の中には、いつも二人の人間がいた」と、彼はのちに語っています。

少年時代から青年時代にかけて、ユングがふだん表に出していた人間性――つまり彼の「第一の人格」とは、「恥ずかしがり屋で引っ込み思案の男」でした。しかし、ユングは自分の心の中に、それとは正反対の「第二の人格」があることを知っていました。それは、「かなり具体的な存在感があり、威厳があり、だれもが畏怖するような思慮深い老人」というような感じだったそうです。

ユングが湖で面白がって危険なボート遊びをしていたとき、それを友人の父に見つかり、こっぴどく怒られたことがありました。

ユングは「彼が怒るのも、もっともだ」と素直に反省していたので、その説教をおとなしく聞いていました。しかし同時に「田舎者ふぜいが、この私に説教をするなど、なんと無礼な！」と無性に腹を立てている「もうひとりの自分」を、はっきり自覚していたといいます。

こうした感覚は、ある程度はだれにでもあるでしょう。悪いことをして他人から非難されたとき、「悪かった」と反省する気持ちがある一方で、相手に「でも、そんなにガミガミ言うことはないじゃないか」とムカムカする気持ちも起こる――という心。ユングの場合、この二つの気持ちが同時に、とてもクッキリと自覚され、それらがまったく別々の存在だと発見できたのです。

自分の二つの人格を認めよう

ここで重要なことは、ユングが「こんなふうに二つの人格が一つの心に生まれるのは異常だ」とは考えなかったことです。第一の人格と第二の人格、二つ合わせて一つの心なんだ。――と、ユングはこの事実を拒否せずに、受け入れたのです。

「明るい好人物である母」と「不気味なほどドキリとすることを言う母」、それらが合わさったのが「本当の母」であり、「臆病な自分」と「尊大な自分」、それらが合わさったのが「本当の自分」なのだ。――と。このように**「心のすべて」を認めて、受け入れる。これがユング心理学の基本・出発点とも言える**でしょう。

9 無意識の世界を知る「シンボル」と「イメージ」

無意識の世界は見ることができない

人の無意識世界というものは、姿形がありません。しかしそれはたしかに存在します。

物事は目で見えるようにしなければ、それをはっきり実感することも、他人に伝えることもできません。では、この無意識世界を実感したり他人に示したりすることがはたしてできるのでしょうか。

できます。無意識世界を「何か目に見えるものに、たとえる」のです。それが「イメージ」です。

イメージとは、わかりやすく言えば、夢です。

夢は、見る人にとって「自分の無意識世界を、目に見える形にたとえたもの」

です。ユングは、こうした「夢の意味」をとても重視しました。

イメージは無意識を「たとえた」現象

また、人はごくまれに、眠っていないときも夢と同じようなイメージを見ることがあります。目の前に現実とは違う風景がフッと見えたりする。この現象を、幻想、あるいは白昼夢などと呼びます。夢ほど頻繁に現れるものではありませんが、ユング本人は、しばしば体験しました。

夢にしろ白昼夢にしろ、これらはいわば、本来は姿形のない無意識世界に「姿形を与えた現象」というわけです。ただ、難しいのは、イメージとはあくまでも「無意識世界を『たとえた』現象」ですから、それは決して、その無意識世界そのものをズバリ表したものではありません。

たとえば、ある人が「街中でなぜか自分が裸になっていて、恥ずかしかった」という夢を見たとしましょう。この場合「裸」というのは「実際の裸」を示しているわけではありません。

夢は無意識をたとえたイメージ

この場合「裸で、とても恥ずかしかった」と夢の中で感じたとしたら、「自分に合っている衣服を持っていなかった」というように解釈できます。そして、それは現実において「会社で、自分に合わない仕事をさせられていて、いつも不安を感じている」という、その人の無意識世界を表している。——と、そんな意味が導き出されるかもしれません。

つまり「裸」とは「不安」を示した、いわば「記号」なのです。不安、恐怖、嫉妬《しっと》、希望、憧れ……こうした無意識世界をさまざまに指し示す記号が「夢＝イメージ」というわけなのです。

ユングは多くの患者の夢を分析することで、夢の場面や、夢に出現する物が、さまざまな無意識世界を示していることを突き止めました。

ただし、同じ記号でも、人によってまったく違う無意識世界を表している場合があります。たとえば「裸になっている自分」とは、人によっては「自分のすべてをさらけ出し、他人に見てもらおうとする」、つまり「その人の無意識の自信」

を表している——そんな場合だって、あるかもしれません。

このように、イメージの記号とは「AならばBの意味」という、固定した単調な説明はできません。その人が抱えている個人的な事情や夢を見たときの状況、さらには、その夢を語る相手（たとえば医師）との感情的な関係（信頼度）までも、夢の意味に大きな影響を与えます。

シンボルは無意識を「象徴」したもの

ところで、何か一つの意味を表す記号でも、いろいろなパターンが考えられます。たとえば「不安」を示す記号として「自分が裸になっている」シチュエーションのほかにも、「怪物に追われている」とか「知らない街で独りぼっちになっている」とか。ですが、ある無意識世界を表すのに、これ以上にピッタリのものは考えられない・ほかの記号と取り替えることなどできない・その意味をほぼ正確に表している——と、そんな存在が、あり得るのです。**ユングはそうした存在（何かの想像物や場面など）を、とくに「シンボル」と呼んで、重視しました。**

シンボルとは、だからとても独創的で、ありきたりの記号などより深い感動を、他者に伝えます。典型的なシンボルとしては、さまざまな民族が「独自の神の表現としているもの」が多いでしょう。

ユングはその一例として、東アフリカの民族が信仰している神のシンボルについて説明しています。

その民族は「朝、東の空に昇りつつある太陽」を「彼らの神を表すもの」として祈り、あがめているのです。彼らにとって朝の太陽は、神そのものではないけれど、彼らの神の意味やありがたさをピッタリ表しているものだった、というわけです。

10 ユング心理学は多くの臨床例に裏づけられている

オカルト研究のパイオニア、フルールノア

人の心を調べる「心理学」という学問は、歴史のうえで比較的新しい学問です。その始まりは一九世紀の後半で、そもそもオカルト的な現象を調べることが、当初の目的でした。

そのパイオニア的なオカルト研究者のひとりとして、たとえばT・フルールノアという心理学者がいました。ユングにも大きな影響を与えた人物です。

フルールノアは当時、「有名な霊媒師《れいばいし》の女性が幽霊を自分に『乗り移らせる』」という現象を、調査しました。その女性は、あたかも乗り移ってきた幽霊が思い出話を語るがごとく、遠い過去の出来事を見事に語るのでした。しかし、じつのところ、その話とは「実際の霊」による思い出話などではなく、その女性の「無

フルールノアが行った調査

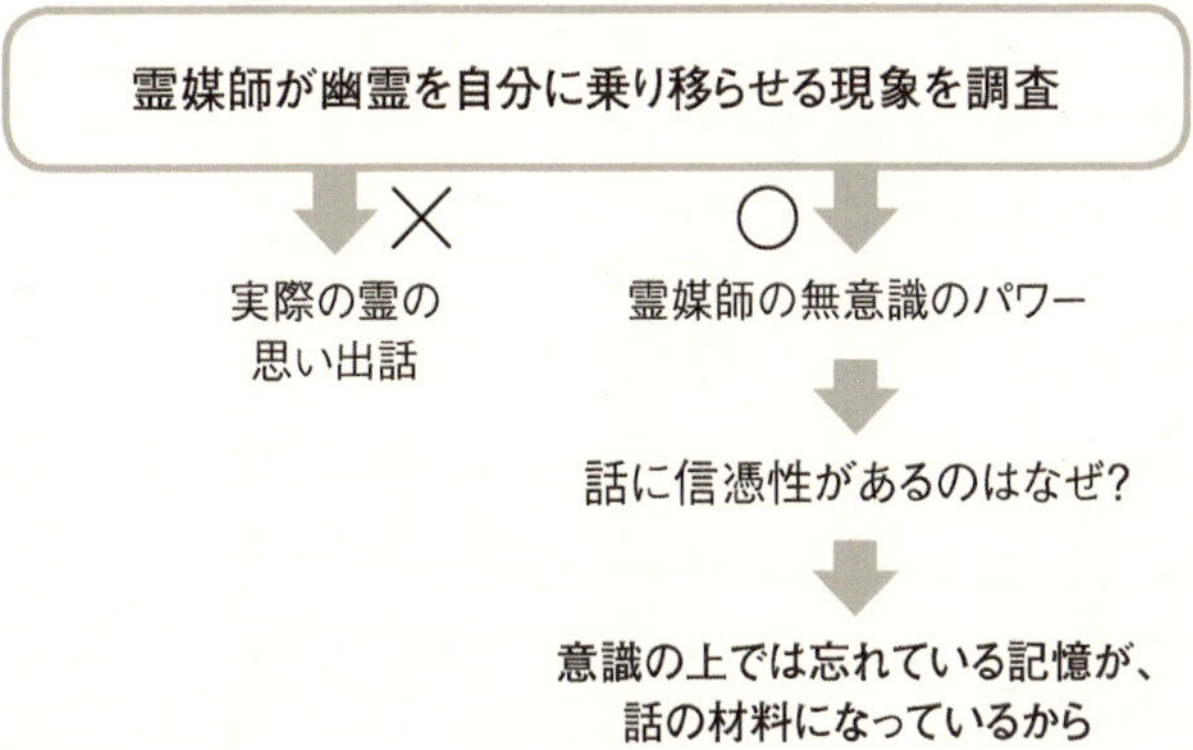
霊媒師が幽霊を自分に乗り移らせる現象を調査
×
実際の霊の思い出話
○
霊媒師の無意識のパワー
話に信憑性があるのはなぜ?
意識の上では忘れている記憶が、話の材料になっているから

意識のパワー」によって引き起こされた物語なのだという結論を、フルールノアは導き出したのです。つまり女性は自覚なしに、無意識が生み出した空想をそのまま語っているにすぎなかったというわけです。では、その話に妙に信憑性《しんぴょうせい》があるのはなぜでしょうか。

それは、語っている本人が子供時代に読んだ本の内容など、意識のうえでは「忘れている記憶」が話の材料に使われていたからだと、フルールノアは説明しました。

このように**心理学では、人間の無意識世界を探究するとき、ある点において必然的に「オカルト現象」が重要な研究要素になります。**ユングが霊魂からUFOまで、さまざまなオカルト現象を大真面目で研究対象としたのは、このような理由によるのです。

心理学は自然科学だけでは説明できない

自然科学では、研究内容を「間違いなくそうだ」と証明することが大前提になります。対してオカルト現象とは、現象そのものが確認できても、それを証明することはできません。

心理学とは、現在の自然科学と同じ手法だけで説明しきれる科学ではないのです。つまり、「科学的にこういう法則があることは明らかだから、その法則にのっとって考えれば、こういう結論になるのは百パーセント間違いない」といったシンプルで明確な説明は、できないのです。

心理学の説明とは、だから数多くの研究の実例を根気強く積み重ねて、それら実例の共通した内容を分析することで、「調べた実例はみなこうなっていたから、それがおそらく『人の心の法則』なのだろう」と、結論づけるのです。

フルールノアの研究もやはりたいへんに根気強い積み重ねによるもので、彼は前述した結論を導き出すため、なんと霊媒師の調査を五年間もつづけたのでした。

ユング心理学も、もちろん例外ではありません。ユングは、自らの心理学を打ち立てるために膨大な、それこそ何千という臨床例を研究し、その地道な積み重ねによって「人の心の構造とは、おそらくこうなっているのだろう……」といった結論を導き出したのです。

こうした点においてユングという人はじつに根気強く、辛抱強い人でした。

心の病の治療には時間がかかる

ですから、経験豊富で優れた心理学者ほど、自分の学問に対して謙虚なものです。

心理学によって心の病の患者を治療する場合にも、患者の症状をたんねんに調べ、決して安易な結論は出しません。「自分の心理学療法でその患者を絶対に救える」という「科学的保証」は、どこにもないのですから。

こうした心の治療に時間がかかるのは、だから当然だと言えます。「この患者の心の病は、こういうもので、だから治療法はこうすればいいに決まっている」などと簡単に豪語できるようなものでは決してないのです。

心理学を学ぶことは、自分の心を磨き、うわべだけではない深い人間関係を育《はぐく》む足がかりになります。心理学に興味を持つことは、人生に深みを与えます。

ですが、素人が中途半端な知識で安易に他人の心を分析し、「あなたの心はこうなっているに決まっている」などと勝手に解釈したりするのは、くれぐれも自重したいことです。

そこにはとんでもない勘違いがあるかもしれず、安易な判断が、相手の心に大きな傷を与えてしまうかもしれません。

ユングの物語1 「フロイト」

深層心理学。人の心の奥深くの「正体」を突き止めようとするこの学問は、ユングと、そしてフロイトによって敷かれた大きな二本のレールの上を、こんにちまでひた走っています。

ジークムント・フロイト（一八五六～一九三九）は、ユングより一九歳年長です。オーストリアの精神医学者で、心の奥底を探究する精神分析学を創始した人です。彼は「無意識の存在」を初めて、学問として本格的に研究した人なのです。

フロイト以前の時代は、人は催眠術によって忘れていた記憶を取り戻すことがわかっていて、この「記憶の眠っている部分」を「無意識」と、理解していました。フロイトは、このように漠然と理解されていた無意識に対し、精神医療の現場で初めて科学的な目を向けたのです。

フロイトの精神分析の方法は、心の病の患者を寝椅子に横たわらせて、思いついた内容を次から次へと自由に話させるというものです。これは「自由連想法」と呼ばれるもので、催眠術などよりずっと明晰《めいせき》に心の探求ができる方法です。

患者は思うがままに話をつづけていくと、自分でも忘れていた「過去の記憶」を徐々によみがえらせていきます。そして、なぜその記憶を忘れたのか。なぜ、意識が覚えていることを拒否したのか。その理由を、探っていくことになります。医師は、患者の話の展開を分析し解釈して、患者の「現在の心の病の原因」を見つけていくのです。

ちなみに、ユングの治療方法は「医師が患者と対等の立場で、顔を向き合わせて会話をしていく」というものです。患者は、一方的に自分の話を広げていくこともなく、ユングの一方的な意見をただ聞くだけでもありません。ユングの治療は、いわば医師と患者の共同作業であり、フロイトの方法とは大きく違っています。

フロイトはこうして、独自の治療と研究の積み重ねから「人の心には、本人の意識から独立した無意識の領域がある」ことを明確につかんだのです。そして、その無意識が夢となって現れることを、学問的に初めて確認した人なのです。このパイオニアとしての功績は、素晴らしいものです。

フロイトは無意識を、「意識が抑えつけている欲望の固まり」というように解釈しました。

人は「こうしたい、ああなりたい」という強い欲望を持っている。が、意識が「その欲望を無制限に出してしまっては危険だ」と感じて、それにブレーキをかけている。要するに「理性（意識）で欲望（無意識）を抑えている状態」が人の心の正体なのだ。——と、フロイトは結論づけたのです。

したがって、夢とは当人が心に抑えつけている欲望を示すものだ。——と、フロイトは説きました。そして、

「心の病とは、『欲望＝無意識』が『理性＝意識』によってあまりに強く抑えられすぎたり、歪《ゆが》められたときに、無意識が意識に対して激しく『反発』した症状である」

と、このように解釈したのです。つまりフロイトに言わせれば、無意識とは「抑えつけられた怨《うら》みを晴らすために、意識に復讐する存在」であって、人の心の中の「悪役」みたいなもの、というわけです。

ユングもまた、無意識による意識への反発を、心の病の原因と見ています。ですからフロイトとユングの説明は、この点では同じです。

ただし、**ユングの場合は「無意識の反発とは、心の歪みを知らせてくれる警告なのだ」というように解釈します**。ですから「人は、この警告に耳を傾け、意識と無意識が協力し合わなければならない」とユングは訴えます。つまり、ユングに言わせれば無意識は決して「悪役」ではないのです。

さらに、フロイトは、この「無意識に押し込められている欲望」をたった一つの種類と判断しています。それは、ズバリ「性欲」です。

フロイトは「人の欲望とはすべて、突き詰めれば性欲なのだ」と考えました。男は女を、女は男を求め欲する。それが人の心のすべてなのだ。——と。

だから、たとえば女性の夢に何か「尖ったもの」が現れた場合、フロイトはそれを「その女性が求めている男性器がたとえられた姿」と解釈します。それが塔だろうとペンだろうと、すべての意味は、その一点に集約されるのです。

フロイトによれば、この欲望は親子関係においても存在すると言います。「息子は母親を女として求め、娘は父親を男として求める。それが人間すべてに共通した無意識である」と説明するのです。

男の赤ん坊が母親の乳を無心に吸う姿さえ、すでに性欲の芽が出ている証拠だと、フロイトは考えました。単純に食欲を満たしているだけではないというわけです。

人間のありとあらゆる無意識の要素は、すべて性欲から発している。こうしたフロイトの理論を「性理論」と呼びます。

ちなみに、フロイトの母は、たいへん美しい人だったそうです。

PART 2

心のタイプ・性質を見てみよう

ユング心理学の
「普遍的無意識」「タイプ論」
「コンプレックス」を知っておこう

1 ユング心理学の「心のセット要素」とは？

心は対照的な二つの要素からできている

ユング心理学を知るうえで、まず理解しておきたいきわめて基本的なポイントがあります。

それは、人の心の要素にはさまざまなものがありますが、それらの多くが「何らかのセットになっている」ということです。

つまり心の要素とは、それ単独で成り立っているというより、もう一つの要素と合わさって成り立っているのです。**「意識と無意識」「外向性と内向性」「アニマとアニムス」……こうした要素のセットが、心を成り立たせている**のです。

そして、より重要なことは、**セットの要素とは決して、互いを邪魔したり否定したりするものではない。**——ということです。

心の病を治す３つのステップ

1. その人のふだんの心構えに、どんな「当人にとっての無理」があったのか
2. なぜそんな無理を、ふだんしてしまっていたのか
3. その人の「無理のない健全な意識」とは、本当はどんなものなのか、段取りを踏んでていねいに考えていく

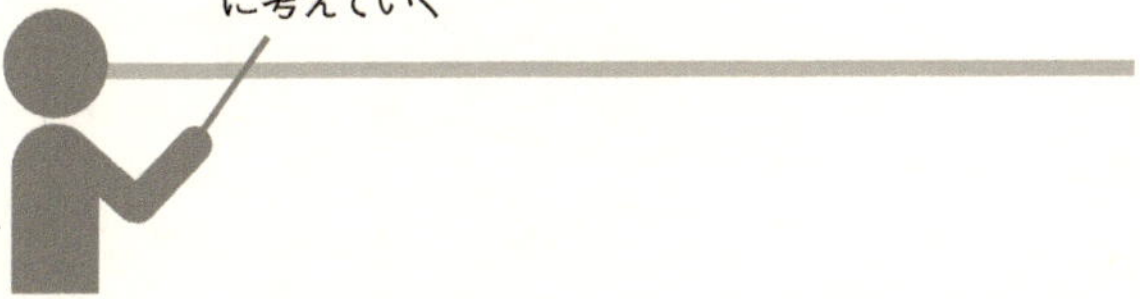

これらセットの要素は対立しているのではなく、対照的だからこそ、互いを「補い合っている」のです。

どちらかが活発に表に出ているとき、もう片方の要素は、いわば「陰に隠れる」形で心の奥底に静まっています。しかし、表に出ている要素に無理が生じると、それを補おうとして、もう片方の要素が出てこようとするわけです。

そして、その「出ようとするエネルギー」が強すぎると、いわば心の要素の暴走となり、時として心の病に発展してしまうわけです。

無理が限界に達すると、心が崩れてしまう

「心の病とは無意識の暴走だ」と前に説明しました。が、それは「無意識の部分がいきなり前触れなしで暴走した」ということではありません。それ以前に何かその人にとって本当は無理していたところがあり、その無理がいよいよ限界に達した結果、それを補おうとして無意識が顔を出してきた。――ということなのです。

したがって、健全な心とは「心のセットの要素」が常にバランスよく、ほどほどに互いを支え合っている状態です。そして、エネルギーが比較的強いほうの要素が、ふだんは表に出ています。

2 無意識は人格形成の助けにもなる

「無意識」ははるか昔から知られていた

人の心の中には、当人も自覚できない無意識世界がある。こうした事実は、遠い昔から人々に漠然と知られていたことでした。四世紀から五世紀にかけて活躍した初期キリスト教会最大の思想家アウグスティヌスは、「私は自分の存在のすべてをつかむことはできないのだ」と、無意識の存在について記しています。

そして、一九世紀後半になって「心理学という科学」が成立したのです。何人かのパイオニア的な心理学者の実験的研究によって、無意識についての説明が、徐々になされてきました。なかでも、無意識の存在を世間にもっともポピュラーに示し得たのは、やはりフロイトの研究でした。

もっとも、無意識の研究はフロイトの登場以前から進んでいたわけですから、

意識と無意識

意識	無意識
●日常の知覚(知ること・感じること・覚えること)をつかさどり、観念(考えること)をつくり出す ●自覚し、コントロールすることができる	●意識が忘れてしまったり、当人に直接関係していない記憶や知覚が積み重ねられる ●夢や空想、幻想や妄想となって意識に働きかける ●ふだんの人格とは別の人格を育て、夢に見せることがある。外に現れると多重人格症状となる

フロイトの功績は「無意識の発見」というわけではありません(フロイトとユングでは、無意識のとらえ方に大きな違いがあります。その違いについては「ユングの物語1」で述べています)。

ところで、いわゆる「二重人格」と呼ばれる症状があります。人があるときまったく別人のようになってしまい、やがて元に戻ると、その別人になっていたときの記憶が残っていないという症状です。

これはどういうことか。つまり、その人の心には本来の人格からはみ出した別の人格要素があった。それが無意識の中で独自に育ち、独立した人格として完成してしまった。そして、何らかのきっかけで表に現れた。——と、説明できます。

無意識とは、その人の「ふだんは見えない人格の母体」なのだというわけです。

ある青年が見た夢の意味は何だったのか

ユングは、「無意識の働きかけとは、意識を補おうとして現れるものだから、当人にとって本来は悪いものではないはずだ」という点を強調しています。たとえばユングは、ある青年のこんな夢を例として、説明しています。

夢の中で、その青年の父親が、ヨロヨロとヘタクソな車の運転をしていた。そして、とうとう車を壁にぶつけてしまった。青年は怒って父親を叱ったが、父親はベロベロに酔っぱらっていて、ニヤニヤしているばかりだった。

——と、こんな夢です。

その青年の父親は、実際はとても立派な成功者で、青年は父親を尊敬していました。

ではなぜ、こんなダメな父親の姿が夢に現れたのでしょう。

ユングは、こんなふうに説明します。

青年は父親を心から尊敬していた。が、それがため「青年の意識」は、父親に頼りすぎていた。そこで無意識が「ダメな父親像」を見せることによって、父親に頼るばかりでなく「自分は自分で、しっかりしなければいけない」といった気持ちを起こさせようとしてくれたのだ。——と。

つまり青年の見た夢は、父親への不信感や軽蔑を表しているのではなく、青年を自立させようとする「無意識の働きかけ」だった、というわけです。

人の心は、意識部分と無意識部分によってできあがっています。ユング心理学の目的とは、意識部分が無意識部分の存在をしっかりと認め、両者それぞれの独立性を保ちながらも、それらをまとめあげることにあります。

つまり、**意識と無意識すべてをひっくるめて「これが私の心なんだ」と思えるようになること——そうした「真の人格の完成」を目指すこと**なのです。

夢は別人の創造物のようなもの

ユングの説明によれば、人の心にはいくつもの人格が宿っていて、それらが夢をつくり出すのだといいます。夢とはたいてい、ふだんの自分には想像もできないようなもので、「私がこんな夢を見るなんて意外だ」と思うことが多いでしょう。それは「無意識の自分」の創造物なので、「意識の自分」にとっては、「別人の創造物のようなもの」というわけです。意外と感じるのも、当然のことです。

また、夢の中には、悩んでいる自分を励ましてくれる優しい人から、だまそうとする悪人まで、いろいろな「他人」が登場することがあります。それもまた、「無意識の人格が人の姿を借りて現れたもの」とも言えます（いわゆる、無意識の擬人化です）。

3 心の奥底には「普遍的無意識」がある

普遍的無意識とは何か

人の無意識の中には、その人個人の体験を超えた「全人類共通の心」がある。
——と、ユングは説明します。

これは、とてつもなくスケールの大きな話です。なにしろ、私たちの寿命などせいぜい長くて百年。しかしその心の中には、何千年、何万年分の人類の心と思い出が詰まっているというのですから。

ユングによれば、人の心の中、無意識に含まれている要素とは、「その人個人の記憶や思考」だけではないのです。

人の心には、個人の体験や記憶を超えて「全人類の歩んできた歴史・全人類の観念・全人類の知恵」が、含まれているのです。わかりやすくたとえるならば

「人類初代からの先祖の記憶が、遺伝子となって、脈々と受け継がれている」――これがユングの説明です（この「遺伝子」という言葉は、あくまでもたとえです。医学的には親から子の脳に「記憶が遺伝する」ことはありません）。

つまり、人の無意識とは、その人個人の人生だけで育ったものではありません。生まれたときから「全人類共通の思い出」が、あらかじめ備わっているのです。

これを、「普遍的無意識」と呼びます。

そして**ユングは「人の心は三つの層に分けられる」と説く**のです。

まず第一に、心の表面に現れている部分が「意識」の部分。そして意識の下に隠れるようにして、意識を支えているのが「無意識」の部分。

この無意識の部分が、その人個人の体験や思い出によって積み重ねられてきた「個人的無意識」の部分と、生まれたときから備わっている「普遍的無意識」の部分に分けられます。普遍的無意識は、個人的無意識のさらに奥深いところで層になっています。

人が心の病に陥ったとき、その原因が「その人個人の体験からだけでは説明しきれない」場合があります。

3層からなる人の心

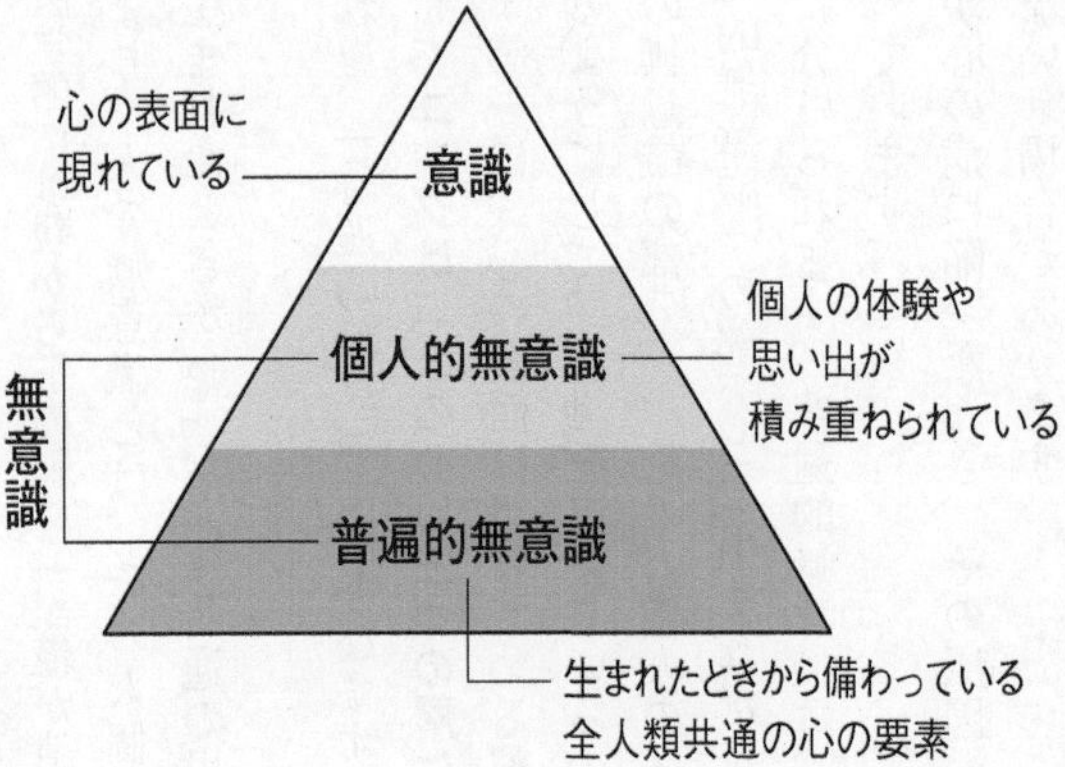

そのようなときは、その人の「個人的無意識」に「普遍的無意識」の要素が関わって、心の病を増幅したり、病の症状を過激にしたりしている場合がある。——と、ユングは説明します。

たとえば、母親とのトラブルが原因で心の病となった人が、普遍的無意識の中にある「全人類共通の母親像」に刺激を受けて、病の症状をさらに複雑にさせる。——といったようなことが起こるわけです。

なぜ見たこともないものを夢で見るのか

人は夢の中で、実際には見たこと

もない不思議な風景を見たり、自分に直接関わっているとはどうしても思えない怪物や怪人物に出会ったりする場合があります。

夢の中のたいていの風景や登場人物は、後から冷静に考えれば「あ、あれは私が今抱えているあの心配ごとが、あんな形になって現れたんだな」というように、納得できるものです。しかし、なかには「なぜあんな物が夢に現れたのだろう」と、どうしても自分なりの解釈ができない場合があるでしょう。

そうしたものもまた、普遍的無意識の産物なのだと、ユングは説明します。人類共通の思い、何千年も前の祖先からずっと共有している心が、夢の中で働きかけてきたのだ、と。

そして、「だから神話は生まれたのだ」と、ユングは述べるのです。

神話は、世界中のさまざまな民族、さまざまな歴史文化の中で育まれてきた、それぞれの民族の不思議な神々の物語です。大地をつくり、生命を生んだ神々とはどのような存在なのか。このテーマを、民族それぞれが、その民族なりに考えて説明したドラマです。

ユングはブルクヘルツリ精神病院に勤務していたときに、「普遍的無意識」をある神話をきっかけに「発見」したのです。

太陽にペニスがぶら下がっている⁉

ある日のことです。ある一人の患者が窓の外を眺《なが》めながら、頭を左右にふっていました。どうにも奇妙な行動です。何をしているかと聞くと、患者はこう答えたのです。

「ほら、太陽の真ん中からペニスがぶら下がっているでしょう。私が頭をふると、あのペニスも揺れるんです。それが風を起こすんですよ」と。

ほかの医師なら当然「意味のない妄想」として片づけたでしょう。しかしユングは、「何かの意味があるのだろう」と考えました。

患者の個人的な体験からはこの奇妙な行動は説明できません。ところがユングは、この患者の言葉が、古代宗教「ミトラ教」の祈禱書《きとうしょ》に書かれている内容と一致しているのを、発見したのです。

ミトラ教はペルシア起源の神ミトラを崇拝する宗教です。ギリシア語で書かれたその文献には、「太陽から筒がぶら下がり、その筒が西に傾くと東風が吹く」といったようなことが書かれていました。患者の話とまったく一致していたのです。

その患者は、もちろんミトラ教など知りません。これは、どういうことでしょうか。

古代人と現代人の心は奥底でつながっていた！

「太陽からぶら下がる筒が風を起こす」という発想は、人間が心の奥底に持つ「何かの要素」から導き出され、生み出された神話です。その「何か」が、古代ミトラ教の信者の心にもあり、あの患者の心にもあった。だからたまたま同じ発想が、この両者に浮かんだ。

すなわち、**古代人の心と現代人の心の奥底には、「同じ何か」が宿っている。**

――と、ユングは考えました。**この「何か」こそが「普遍的無意識」**であるわけです。

実際、世界各地の神話には、この世が生まれた過程とか神々どうしの関係とか、いろいろな点で似ているところが多いのです。

それは、あらゆる民族が心の奥底に共通している要素、すなわち「普遍的無意識」を宿しているからであり、それが神話の誕生に大きな影響を与えているからです。元が共通しているのだから似たようなものができて当たり前、というわけです。

人の心の「真の基本」は同じ記憶なのだと、ユングは訴えます。だから人類はみな、本当は「真の同胞」なのです。

4 無意識には予知能力がある⁉

ユングは鮮烈な白昼夢を見るようになった

ユングが、無意識の世界をとことん追究しようと試みたのは、三〇代の後半からです。

この頃、現実社会のさまざまなあつれきやしがらみに苦しむようになったユングは、大学での地位も捨てて、社会から孤立する道を選びました。この時期のユングは、精神的にかなり危機的な状況にありました。言いようのない孤独感の中で日々を悶々《もんもん》と過ごし、さまざまな「白昼夢（ビジョン）」を見るようになったのです。

白昼夢とは、「起きたまま見る夢」です。ですから、これもまた、**無意識が意識に見せる「無意識の産物」**です。

白昼夢は無意識が生み出すもの

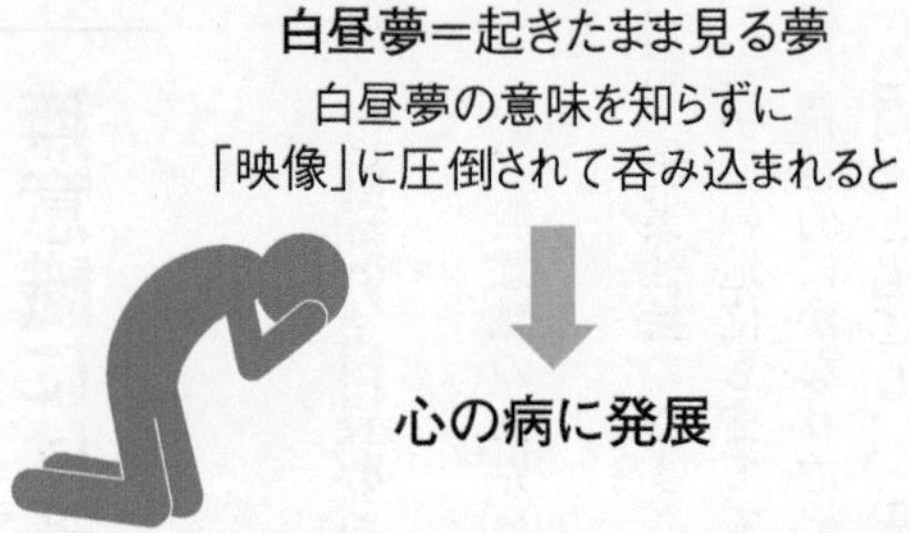
白昼夢＝起きたまま見る夢
白昼夢の意味を知らずに
「映像」に圧倒されて呑み込まれると
心の病に発展

しかし、こうした白昼夢の意味を知らぬまま、ただその「映像」に圧倒されて呑み込まれてしまうと、意識はバランスを崩して、心の病に発展してしまいます。

ですからユングは、この白昼夢を受け入れながらも、それに呑み込まれないように、と必死に、目の前に現れた光景を客観的に分析しようと試みました。

一九一三年秋、ユングは旅先で、恐ろしい光景の白昼夢を突如として見たのです。

ものすごい洪水が起こり、北海とアルプスの間にある北方の低地地方が、呑み込まれたのです。この大洪水はイギリスにもロシアにも、北海の浜辺からアルプスにまで達しました。洪水の中には、文明の残骸が浮かび、たくさんの人々が溺《おぼ》れ死んでいました。そして海の色が血の色に変わっていったのです。

やがて洪水が故国のスイスに向かったとき、アルプスの山々がだんだんと高くなり、洪水を押しとどめるようにして国を守ってくれました。

――と、このような光景です。

その白昼夢が現実になってしまった……

こうした異様な自然災害の光景が、ユングの白昼夢となって何度か見られました。翌一九一四年の四月、五月、六月と、立てつづけに、彼の目の前に突如として現れたのです。真夏なのに北極の寒波が襲ってきて大地を凍らせ、多くの人々が死んでいくという光景も、現れました。

さすがのユングも、これほどの自然災害の光景が見えた意味は、とうてい理解できませんでした。自分の無意識は何を伝えようとしているのか。ついに彼は、自分は無意識に押しつぶされて病人になってしまったのでは……と悲観し、途方《とほう》に暮れました。

ところが、です。

その年の夏、世界に大事件が起こりました。第一次世界大戦の勃発《ぼっぱつ》です。ユングは、はっきり悟ったと言います。「あのビジョンは、この大戦争を予告していたものだったのだ」と。ユング個人の危機を示していたのではなく、ヨーロッパの危機を示していたのだ、と。

これは、ユングにとって大発見だったのです。

自然科学の理解を超えている「人間の無意識のパワー」は、未来を予知する力さえある。しかもその力は、個人の問題に関わるだけではない、全人類共通の問題をも、とらえることができるのだ。一人ひとりの無意識とは、その人個人だけのものではない。全人類共有のものなのだ。——と。

ユングはこうして、無意識の探究が、個人の心の問題を解決するだけではなく、全人類の心を知ることにもつながると、確信できたのでした。ユングは、自分の研究が全人類のためになると実感でき、大きな喜びと使命感を感じました。

無意識の探究に人生を費やしたユング

第一次世界大戦勃発のとき、ユングは講演を頼まれてスコットランドにいました。帰国のためには、フランス経由で帰らなければなりません。ですが、ドイツ軍のフランス侵攻が予想されたため、その道は危険でした。そこでオランダに渡り、そこからドイツ経由でライン川をさかのぼって、一カ月もかかってようやくスイスに帰ったのです。

この帰国はまさに、緊張した世界情勢の中での大冒険だったと言えるでしょう。しかしユングは、この冒険の思い出については、のちの自伝でもまったく語っていません。なぜでしょう。理由は、単純です。当時の彼にとっては、自らの無意識世界を探究したことのほうが、そんな帰国の苦労よりもはるかに大切な大冒険だったからです。

ユングはまた、後年に「私が自分の無意識の探究に費やした歳月は、人生のもっとも大切な時期であった」といったことを述べています。

5 ユングの夢分析はフロイトの説とは異なる

ユングとフロイトによる夢分析の違い

自分の無意識世界を「何か見えるものにたとえた映像」が夢なのだ。——という話は、すでに説明しました。したがって、夢の意味をつかむことで、無意識が理解できるということになります。

夢と無意識世界の関係を心理学として初めて示したのは、ユングではなくフロイトでした。一九〇〇年に出版した『夢判断』という著書の中でフロイトは、「夢とは、無意識の世界に押し込められているその人の願望が、形になって現れたものだ」といった説明をしたのです。

当時、二〇代半ばだった若き日のユングもまた、夢の意義について深く考えていました。それで、この本にたいへんな感動を覚え、これがフロイトとの交流を求めるきっかけとなったのです。

しかし、ユングの考える夢の意義は、フロイトの考えよりさらに複雑なものでした。**ユングによれば、夢の意義とは、そのほとんどが「意識の補償」です。つまり、その人の「意識の誤りや未完成なところ」を知らせ、補ってくれるものなのです。**

ユングは独自の夢分析を、さまざまな心の病の治療に活用しています。ユングは、じつに多くの夢分析の臨床例を書き残しています。

夢が自分を正してくれることもある

ユングが、ある女性患者の治療にたずさわっていた時期です。

ある夜、彼は「丘の上の城に彼女がいる場面」の夢を見たのです。

つまりこの夢の中でユングは、彼女の「姿を見上げた」わけです。じつはユングは、ふだんの意識の中で患者である彼女を知らず知らずに「見下していた」のです。この夢は、ユングのそうした誤った態度を補う夢だったのです。

それに気づいたユングは反省し、あらためて彼女と対等の人間どうしとして付き合うよう心がけました。そのおかげで、治療はスムーズに進んだといいます。

さらに、夢は、現在の問題ではなく未来の問題について、何かを指し示してくれることがあります。この現象を「展望」と言います。

いわゆる「予知夢」とか「夢のお告げ」といったものです。これは、夢を見た人の個人的な未来を暗示する場合と、もっと幅広い社会の未来を暗示する場合があります。

言うまでもなく予知夢は、その人の普遍的無意識のエネルギーが、強く働いたものです。ユングに第一次世界大戦の勃発を予感させた白昼夢（ビジョン）などは、この典型です。

もっとも、展望の夢を見ることは、めったにありません。

ですから、「補償」のために無意識が見せてくれた夢を自分に都合よく「展望」の夢だと解釈して、何の努力もせずに「私はきっと幸せになる」などと思い込むと、取り返しのつかない大失敗をしでかします。無意識が夢を通して語りかけてくれたせっかくの警告を、生かすことなくムダにしてしまうわけです。

夢分析の公式は存在しない

ユングは、このように夢の意義を理解して、無意識世界を探る有効な手がかりとしてきました。ですが、その一方でユングにはこんな言葉があります。

「分析家は何をしてもよい。しかし、夢を理解しようとだけは、してはならない」

どういう意味でしょう。

無意識世界は「個人的無意識」と「普遍的無意識」の二つの層に分かれています。普遍的無意識は、いわば人類共通の無意識ですから、夢の中の「普遍的無意識から影響を受けた部分」というのは、ある程度はだれにも共通した意味を持つのです。

たとえば、夢の中で「山を登る」という情景が現れたとしましょう。険しい山に登る行為は、「努力して現在より高い所に進む」とか「頂上から広い下界を見おろす」などの状況につながります。それは「その夢を見た人が、人生の新しいチャレンジを求める心を示している」といった分析に発展していくでしょう。

ですが、こうしたごく一般的な見方だけの「数学の公式のような分析」だけで、本当の無意識を見出せたのだと早合点《はやがてん》するのは、危険なのです。

なぜなら、その人だけの人生に深く関わっている個人的無意識の中で、「山に登る」ことは何か特別な意味があったのかもしれません。

たとえば、子供時代の家族旅行で登山をしたとき、親子に重大な事件が起こったとか……。もしそうだとすると、夢を見た人にとって「登山」とは、人生のチャレンジなどとは関係なく、親子関係の不安や不満を表したものなのかもしれません。

そうした個人的無意識の部分が夢に関わってくる場合、夢の意味を探るのは、慎重でなければならないのです。**夢分析で「登山＝意味A」などと、単純に考えるのは危険なのです**。ユングの言葉は、そうした注意をうながしているわけです。

6

ユングの夢分析には「連想」と「拡充」という特徴がある

ユングの夢分析は非常に慎重だった

夢に登場する場面やモノが、何を表しているのか。何をイメージしているのか。

これを公式のように整理して夢分析をするのは、一種のパズルを解くようで、面白いものです。

たとえば、夢にライオンが現れた人に向かって「ライオンは父親のイメージだから、君は父親を恐れているのだ」と指摘したり、あるいは夢の中が大雨のシーンだったなら「それは浄化のイメージだから、現在の悪い状況が一掃《いっそう》されて新しい未来が開ける兆《きざ》しだよ」と説明したり……と、夢を見た人の性格や将来を占う遊びが楽しめます。

ですが、こうした固定化された分析は一面的で、その人の本当の無意識をとらえたものとは、言い難いわけです。それを十分にわきまえていたユングは、夢分析にじつに慎重でした。

「客体水準」「主体水準」とは？

夢に現れるモノや登場人物の意味は、大きく二種類に分けられます。

たとえば、夢の中に「ワンワンと吠えまくる犬」が現れたとしましょう。その犬は「本当の犬」として現れたのでしょうか。それとも「無意識のメッセージをたとえた物」として現れたのでしょうか。

もし、その人が子供時代に犬に吠えられて怖い体験をしていたとしたなら、まさにその「思い出の犬」が、夢の中に現れたのでしょう。となれば、この犬は「本当の犬」です。それともその犬は、夢を見た人が抱えている「あせりやいら立ち」を表したものかもしれません。となれば、この犬は「無意識の要素が犬にたとえられた存在」となるわけです。

このように、**夢に登場する人や物が「それその物の存在」として現れた場合、**

客体水準と主体水準の違い

客体水準　夢に登場した人や物がそれ自身の存在として現れた場合

吠える犬の夢　実際に子供の頃、吠えられて怖い思いをした

主体水準　夢に登場した人や物が無意識をたとえた物だった場合

吠える犬の夢　あせりやいら立ちの気持ちが犬の姿となって夢に現れた

それを「客体水準」と呼びます。一方で、**それが「無意識をたとえた物」だった場合、それを「主体水準」と呼びます。**

客体水準と主体水準では、まったく意味が違います。男性が夢で出会う女性などは、本当にそれが「憧れている他人＝客体水準」なのか、それとも「自分の心にある女性的要素が『たとえの姿』として現れたもの＝主体水準」なのか、なかなか区別がつきにくい場合があるのです。

夢分析は、まずこの点をきちんと判断しないと、とんだ勘違いを生み出してしまいます。

「連想」と「拡充」

ユングはこうした点にも十分に配慮して夢分析をしたわけですが、彼の夢分析の手法には、いくつかの重要な特徴がありました。

一つめは「連想」です。

ユングは、患者が見た夢に登場したさまざまな物や出来事について、それから連想される別の物や、または、その人が気づいた細かい印象などを、次々と患者に聞いていったのです。夢の中に現れた物が「一般的にどんな意味なのか」ではなく「その人個人にとってどんな意味なのか」を探るために、です。連想の「スタートとなる何か」が同じでも、人によって連想は違ってきます。

たとえば「山小屋が夢に現れた」という二人の人がいたとしましょう。そこで「それはどんな様子でしたか。詳しく話してください」と聞いた場合、Aさんだったら「寂しくて、何だか汚い部屋だった」と答えるかもしれないし、Bさんだったら「暖炉の火が赤々と燃えていてあたたかかった」と答えるかもしれません。こうして連想をつづけていけば、到達する分析はAさんとBさんとでまったたく違うものになっていくでしょう。

次に、二つめとして「拡充」という分析の特徴があります。

夢は「人類共通の思い出」である普遍的無意識から、大きな影響を受けるものです。前に説明したように、神話は「普遍的無意識が物語の形となったもの」ですから、一人ひとりの個人的な夢に神話と同じような場面が現れても、不思議ではないのです。

したがって、**夢に現れた場面や登場人物には、古代の神話やおとぎ話などと類似している場合がある**のです。

そこで**ユングは「個人の夢の意味を、似ている神話などをヒントにして解いていく」という方法を編み出しました。**その夢が訴えようとしているメッセージを、似ている神話のドラマ展開やテーマを手がかりにして、読み解いていくというわけです。

一度ではなく何度も見る夢がポイント

「連想」にしろ「拡充」にしろ、ユングは一回の夢だけで分析するより、何日かにわたって見る数回の夢を順々に分析していくという方法を重視しました。言ってみれば夢を連続ドラマのようにとらえて、一つの流れとして分析するのです。

もちろん夢ですから、本当の連続ドラマのように舞台や登場人物が一定しているわけではありません。それぞれは、まったく別の単独ドラマのように現れてきます。

しかしユングは、夢が「ドラマとして連続していない」としても、そこには一貫したテーマがあり、そのテーマに沿って、心が成長し変化していく様子が分析できることを見出したのでした。

たとえば、森の中で魔物に襲われる夢を見た人が、数日後には、狩人となって獣と戦う夢を見たとしましょう。

この夢の経過は、その人が自分でも気づかない何かのプレッシャーを恐れていたのが、しだいにその恐怖と向き合えるようになり、やがては打ち勝って、人生に自信を持てるようになった……といった心の成長を示したものと、説明できます。夢の変化が、心の成長を物語っているのです。

このようにユングの夢分析はじつに細やかで、懐の深いものでした。彼の夢分析が多種多様の心の病を救えたのは、以上のような方法を駆使して、患者一人ひとりの夢をそれぞれに詳しく分析できたからです。

7
「外向性」「内向性」は、ユングが初めて説いた

外向的・内向的の本当の意味

人の性格を表すのに「外向的な人」「内向的な人」といった表現がありますね。これらは本来、ユング心理学の言葉です。ユングはまず、こんなふうに説明します。

何らかの出来事に出合ったとき、それに対し「嫌だなぁ」といった雰囲気《ふんいき》を漂わせ、まずはその出来事を拒否するように身構えて、それからようやく反応する人がいる。一方で、出来事に出合ったとたん、自分の行動は絶対に正しいという確信に満ちたように躊躇《ちゅうちょ》なく、すぐさま反応する人がいる。

前者は、客体（出来事や他人）に対して消極的な関係を持ち、後者は積極的な関係を持つ。そして前者が「内向的態度」であり、後者が「外向的態度」である。

――と。

内向的な人はどうふるまう？

内向的な人とは、外の世界よりも「自分の心の世界」に、まず関心が向かう人です。**周囲の出来事とは、その人にとって「自分の心に合っているか・それを受け入れられるかどうか」が、何よりの問題点となります。**その出来事そのものの一般的な価値は、あまり重要ではありません。

だからユングの言うとおり、何に対しても、まずは拒否反応を示し、それから自分なりの観察をしようとします。

たとえば、街中で有名タレントに出会ったとしても、内向的な人は、「世間で有名だから」という理由だけでは近づこうとしません。自分なりの価値判断をし、自分の好みでなければ、どれほど有名なタレントでも無視したりします。

こうした人は、ふだんから「外の世界に自分を合わせよう」という気持ちを持っていません。結果として、新しい環境・状況に入ると、すぐに対応できませんから、モジモジとぎこちなくなってしまいます。また、こうした人は、常に自分自身を見つめているので、かえって自分に批判的で、自信がなかなか生まれにくい場合があります。

しかし、ひとたび自分に自信を持てれば、少々のトラブルや他人の批判にはたじろがない強さがあります。つまり、特定の環境に馴染んで、その環境が自分に合った場所となれば、強い信念によって高い能力を発揮できるのです。

外向的な人はどうふるまう？

一方、外向的な人とは、関心や興味が外の世界に向けられる人です。**それはどんな環境・状況にも合わせられる人だということ**になります。

また、それは「外の世界に依存している」とも評せられるわけで、ひとりで人生の充実感を得ることは、なかなかできません。

こうした人が街中で有名タレントに出会ったとしたら、それが自分の好みであろうがなかろうが、すぐさま近づいて交流を試みるでしょう。そうすることが、その人の充実感につながるのです。

外向と内向の両方を認めよう

内向的な人も外向的な人も、その態度を周囲から偏見なく公正に見てもらえなければ、悲劇につながるでしょう。

たとえば、外向的な人ばかりの集団（家庭でも会社でも）に内向的な人が入ると、周囲に「アイツは暗い」とか「自分のカラに閉じこもって協調性がない」とか、非難されます。逆に、内向的な人々の集団（たとえば修道院など）に外向的な人が加わると、「あの人は落ち着きがなくて、軽薄だ」とか「うわべだけの価値しかわからない、浅くてつまらない人間だ」とか、非難されます。

こんなふうに言われてしまうと、「私はダメな人間なんだ」と、思い込んでしまいがちです。外向的な人と内向的な人は、簡単には相容れるものではありませんせん。そこには誤解や偏見が生まれやすく、何よりも「相手を好きになれない」という状況になってしまいがちです。これはしかたのないことでしょう。しかし、「それでも相手を認める」気持ちだけは忘れないことです。

8 だれもが心に「外向性」「内向性」の両方を持っている

ふだんは内向と外向のどちらかが表に出ている

さて、この「外向性」と「内向性」もまた、人の心を成り立たせている「セットの要素」です。どちらか片方だけが心にあるわけではありません。**人はだれしも、心に外向性と内向性の両方を持っています。**

外向性と内向性は、ふだんは当然ながら、両方がいっぺんに並んで性格や行動に出てくることは、あり得ません。ふだんはどちらか一方が「意識」として、表に出ています。それが、その人にとっての「習慣」というわけなのです。

しかし、表に出ている態度があまりにも激しく出すぎたり、また頑《かたく》なに（頑固に）なりすぎたりすると、心の奥に潜んでいた「無意識のほうの態度」が、その無理な状態を補おうとして表面に出てきます。

たとえば、ふだん外向的な人が、祭りの席などで騒ぎまくっていたときに、フッとふさぎ込んでしまったり。ふだん内向的で引っ込み思案な人が、会議の席で急に意見を声高に主張し始め、まわりの者を驚かせたり……。

周囲は「あの人は『人が変わった』ようだ」と思うでしょう。が、**それは変わったのではなく、態度が「入れ替わった」だけ**なのです。

そしてまた、この「補いのパワー」が強すぎると、これが心の病に発展してしまうわけです。

外向的すぎてもダメ・内向的すぎてもダメ

たとえば、外向的すぎる人が周囲の人々を引きつけたいと思うあまりにサービス精神を発揮しすぎて、他人を面白がらせるホラ話をするような日々をつづけると、内向性のエネルギーが働き出して、やがては自分の空想の虜《とりこ》となり、かえって自分勝手な人間になって周囲から嫌われたりします。

また、内向的すぎる人が、他人の目をいっさい無視して自分の世界に完全に閉じこもろうとすると、外向性のエネルギーが心の中で激しく動き、かえって他人の目が気になってイライラし、心そのものが疲れきってしまう状況に陥ります。

内向的な人は、自分の心の奥に潜む外向性を理解しなければなりません。外向的な人は、自分の心の奥に潜む内向性を理解しなければならないのです。

9 人には「思考」「感情」「感覚」「直観」の心理機能がある

人はみな四つの心理機能を持っている

人の心が持つ力は、四つの種類に大きく分けられる。——と、ユングは説明しました。これを「四つの心理機能」と呼びます。

それらは「思考」「感情」「感覚」「直観」というように分けられます。このうち、「思考」と「感情」が対立関係のセット。「感覚」と「直観」が対立関係のセット。つまり「二つのセットが成り立っている」というわけです。

人はだれしも、この四つの心理機能すべてを、心の中に備えています。どれか一つしか持っていないということではありません。

ただし、人は、この四つのうちのどれか一つがとても強く発達していて、その特徴が表に出ています。ふだんの性格や行動を、一つの機能が大きく左右するの

4つの心理機能

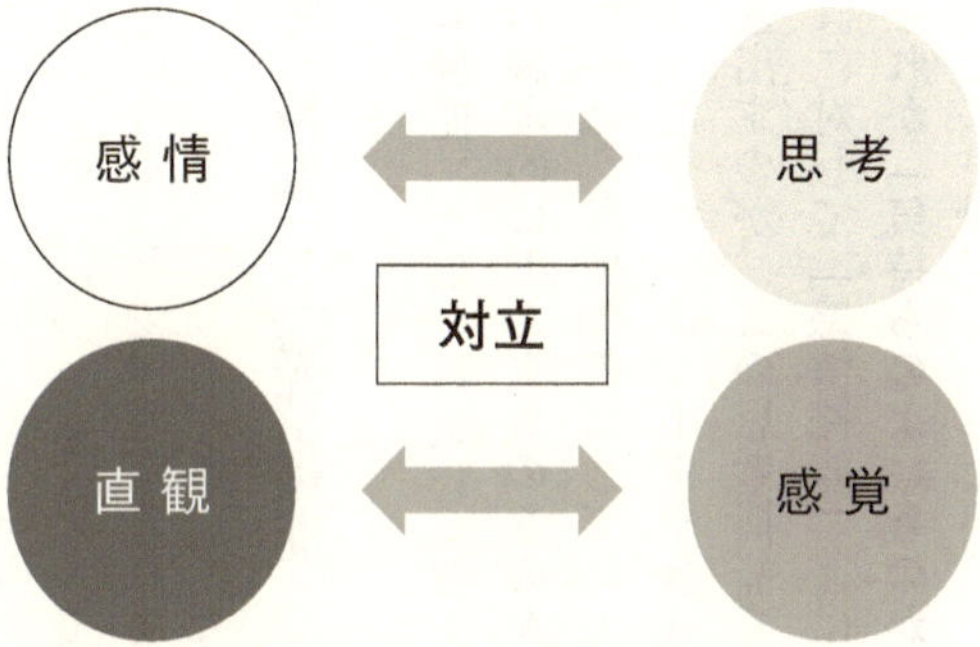

人はそれぞれ4つのうちのどれか1つが
とても発達しており、特徴が表に出る

です。つまり、どれか一つが「意識」に大きな影響を与えているわけです。

　ということは、**その機能とセットになっているもう一つの機能が「無意識」の中に、大きなエネルギーとなって潜んでいるわけです。**このとき、残りの一セットの機能は二つとも「補助機能」として働きます。これは、意識に現れている機能のほうを手助けするものです。

　たとえば、「思考機能」がその人の性格や行動を導くとすると、「感覚機能」と「直観機能」がそれを助け、一方で「感情機能」は、その人の無意識世界に働きかけるのです。

さて、それでは四つの心理機能とは、それぞれどのような性質を持っているのでしょう。それは、対象物（物とか出来事）に対してどんな心の働きをするか――といったことで、区別されます。

「思考機能」と「感情機能」

「思考機能」とは、対象物（物や出来事）の「意味」を考える力です。**その対象物は「論理的にどんなものなのか」を理解する力**、というわけです。

それがどんな種類に属していて、どんな価値を持っているのか。そして、それを成り立たせているルールや公式、その対象物から学べる教訓は何か。――などを導き出すのが、この思考機能です。

これに対して**「感情機能」**とは、対象物の好感度をつかみ取る機能です。つまり、**それが「気持ちのよいものか、不快なものか」を決める力**です。

ややこしい理屈はいらない。その対象物から、快感をどの程度得られるのかという点のみにしぼって対象物をとらえる力が、感情機能というわけです。

4つの心理機能の働き

感情機能 ⟷ **思考機能**

感情機能：対象物が気持ちのよいものかどうかを決める力

思考機能：対象物が論理的にどのようなものなのかを理解する力

直観機能 ⟷ **感覚機能**

直観機能：対象物を元に、連想やアイディアなどがひらめく力

感覚機能：対象物そのものの色や形、大きさや位置などを把握する力（客観的な理解力）

「感覚機能」と「直観機能」

「感覚機能」とは、対象物の「実際の姿形」をつかみ取る機能です。**対象物そのものの色や形、大きさや位置などを把握する力**。客観的な理解力ですね。つまり、現実的判断をする力というわけです。

そして**「直観機能」**とは、一言で言うと**「ヒラメキの力」**です。

対象物に接して、その特徴から想像が広がり、それとは別のものをパッと思いついたり、ある種の連想から、独自のアイディアがひらめいたりする。対象物の持つメッセージ（たとえば、絵画に込められた画家の気持ち）に、ピンと気づく。

これらは、「論理的に分析してわかる」という思考機能による理解の仕方とは、むしろ正反対です。

（注）「直観機能で気づくこと」とは、「対象物を見た人が対象物と無関係に自分勝手に思いつくこと」ではありません。あくまでも「その対象物を元にして」働く機能です。

主機能と劣等機能

専門的な用語では、意識に現れる機能を「主機能」と呼び、それとセットになっていて無意識の中に潜む機能を「劣等機能」と呼びます。ですが、この呼び方は、ちょっと誤解を招きやすいですね。

「劣等」というと、なにやら弱々しい感じがします。しかし何度も述べているとおり、無意識とは大きなエネルギーを内包していますから、「劣等機能」とは「ふだんは意識の表に出ていない」というだけで、じつは「とても強い存在」なのです。

10 「合理機能」と「非合理機能」とは何だろう?

ユングの説く合理機能と非合理機能

ユングは、**思考機能&感情機能のセットを「合理機能」、感覚機能&直観機能のセットを「非合理機能」と呼んで、このセットどうしが、対立する要素なのだと説明**しています。

「合理」という言葉は「論理性」とか「理性的」という意味を含んでいます。そして合理機能とは、人の「経験」によって培《つちか》われる機能なのです。

人はいろいろな出来事や物に接して、それらがどんな影響を生み、どんな結果を招くかを見て、学習していきます。

そうした経験の積み重ねによって、だんだんと「この出来事はこんな結果になるだろう」「こうなるのが当たり前だ」、あるいは「こうした出来事には、人は不

合理機能と非合理機能

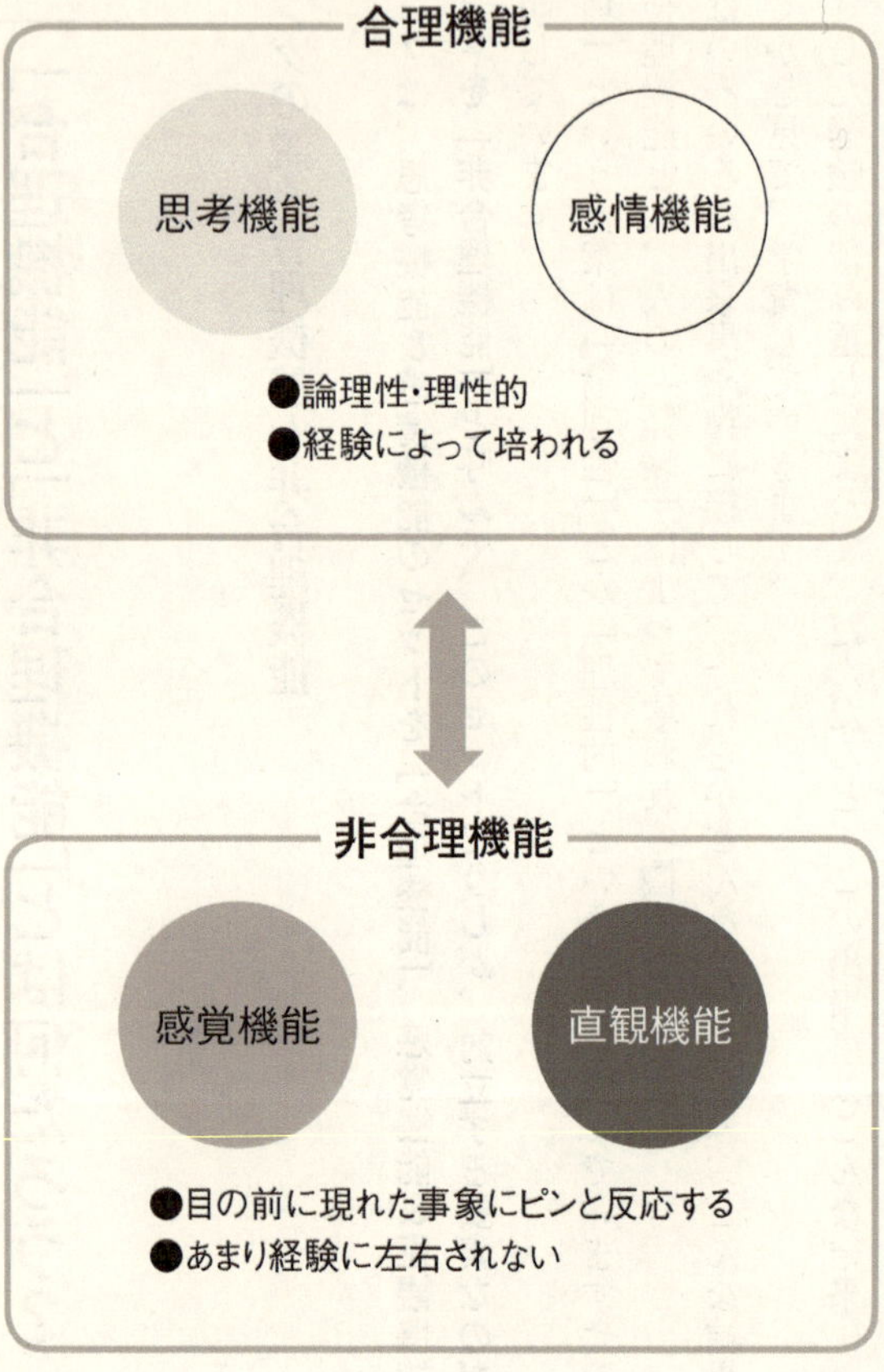
合理機能
思考機能
感情機能
●論理性・理性的
●経験によって培われる
非合理機能
感覚機能
直観機能
●目の前に現れた事象にピンと反応する
●あまり経験に左右されない

快感を感じる」といった判断ができるようになっていくのです。

思考機能&感情機能とは、そうした「経験が培った合理的判断力」に支えられている機能のため、このセットを「合理機能」と呼ぶわけです。

対して、感覚機能&直観機能は、人のそれまでの経験にはあまり左右されず、目の前に現れた物や出来事そのものに、直接ピンと反応する機能です。

前後の関係をあまり気にせず、とにかく「今ここにある」出来事や物を、まずはそのままに受け入れる。そうして、その姿形を純粋にとらえたり、パッとひらめいたりする。そこに合理性は必要ありません。だからこのセットを「非合理機能」と呼ぶわけです。

冬に桜を見たとき、どう反応するか

合理機能とは、物や出来事を「これは〜ということだ」と、とらえる機能。非合理機能とは「これは〜だ」ととらえる機能。と、こう区別できます。

たとえば、寒い冬の日、桜の樹に花が咲いていたという情景に出合ったとします。合理機能が心のメインになっている人は、その状況に接して、まず「こんなバカなことって！」と、驚きます。

しかし非合理機能がメインになっている人は、その事実をわりとスンナリ受け入れるでしょう。

そして、この「メイン機能」がどちらかに偏りすぎていると、時として心の平穏が崩れます。冬の桜を見たとき、合理機能がメインの人は「どうして、こんなことが！」とパニックに陥ってしまうかもしれません。

そして、非合理機能がメインの人は、あれこれと悩み考えているその人を見て「実際、咲いてるんだからしょうがないでしょ！」と、怒り出してしまうかもしれません。

さて、**ユングは、人の個性を考える場合、これまで述べてきた「外向的態度・内向的態度」の区別と、「四つの心理機能」の区別を掛け合わせることで、八つの個性のタイプを見出しました。**

もっとも、この「タイプ論」は、人それぞれの複雑な個性を説明しきれるものではありません。ただし、人間の心を大ざっぱにカテゴライズするには便利です。いわば、心の分析の第一歩めの足がかりになるわけです。

八つの個性タイプを並べてみると、

・外向的思考タイプ
・内向的思考タイプ
・外向的感情タイプ
・内向的感情タイプ
・外向的感覚タイプ
・内向的感覚タイプ
・外向的直観タイプ
・内向的直観タイプ

となります。

これらのタイプは「その人の意識に現れているもの」です。だから、タイプの特徴がうまく働くと、それが才能となって表に生かされることになり、「個性を生かした成功」に結びつきます。

しかし、タイプの偏りや激しさが強すぎて生き方に無理が生じると、それを補おうとして「無意識に潜んでいる態度・機能」のほうが現れます。すると、今度はその「補いパワー」が強すぎて、「心の乱れ」「心の病」にさえ、つながってしまうのです。

11 八つの個性タイプを見てみよう（1）

外向的思考タイプ

八つの個性タイプがどのようなものか。具体的に説明していきましょう。

外向的思考タイプは、外の世界（現実世界）のさまざまな現象を研究して、そこに法則性や公式、一定のルールを見出そうとします。彼らは、自然の仕組みや社会のつくられ方、そして人間の行動パターンなどを知りたがるわけです。つまりは、**「学者肌の人」**です。

彼らが、そうして見出した内容をうまく世の中に役立てられれば、人々の未来に貢献して、よりよい社会をつくる材料となるでしょう。たとえば優れた経済学者の分析と提言が、未来の景気をよくするアイディアとして生かされるように。

しかし、その個性があまりに強く働くと、自分が見出した公式やルールにこだわりすぎて、何もかも自分の公式に無理矢理はめ込もうとするわけです。

たとえば、このタイプが学校の教師になると、自分の理想が「唯一の正しい人間のあり方」だと思い込み、すべての生徒に自分の考えを押しつける。そして「私の思うとおりにならない生徒は、落ちこぼれだ」などと、とんでもない誤った決めつけをしてしまうわけです。

また、あまりに自分の「思考機能」を強くして、劣等機能である「感情機能」を抑圧しすぎると、それが時として暴走し、意外なところで幼稚なダダっ子のようにふるまったりします。「学者には、子供っぽいところがある」などとよく言われますが、それは、「無意識の感情機能」が表に出た姿だというわけです。

内向的思考タイプ

一方、内向的思考タイプは、同じように法則性やルールを求めるにしても、その興味は「自分の内面」に向かうわけですから、要するに「私は何者だ」という苦悩、さらに、そこから発展して「人間とは何なんだ」という問いかけに、その思考が進むわけです。つまりは、**「哲学者肌の人」**です。

このタイプが個性をうまく発揮すると、ふつうの人間には思いもつかないような独創的な思想を生み出します。ほかの人々はそれを教えてもらうことで「人間という存在の深さ」を知り、人間の豊かな精神世界に触れることができます。これはこれで、社会に対する素晴らしい貢献です。

ですが一歩間違うと、このタイプは、とんでもないひとりよがりの思想に陥ってしまいます。

外向的感情タイプ

外向的感情タイプは、外の世界、つまり大多数の人々の世界の中で、人々が好きなものを見出し、それを追い求める人です。言ってしまえば、「流行を追いかける人」ですが、集団の中では**「明るい盛り上げ役」**ともなれる大切な存在です。

このタイプが能力を発揮すると、人々が好み喜ぶものを的確に見つけ、つくり出すことができます。それは、深い哲学性や高度な論理性などとは無縁の、俗っぽいものかもしれません。が、とにかく多くの人々が面白いと感じられるものです。

となれば、このタイプは、芸能界やショービジネスの世界で成功者となれるわけです。

ですが、このタイプの個性があまりに強くなると、ただ世間に媚《こ》びるだけになって、主体性を失った浅はかな人間になってしまいます。さらに、それを補うため無意識の思考機能が働いて、急に虚無的な人間になってしまったりします。

内向的感情タイプ

対して、内向的感情タイプは、損得勘定や他人の目などはあまり気にかけず、「自分にとって本当に喜ばしい人生とは何か」を求める人です。彼らにとって心の満足とは、財産や社会的栄誉を得ることではありません。

ですが、これはもちろん、怠け者という意味ではなく、貧しくとも穏やかに自分を見つめる日々を求める人だと、そんなふうに評せられるでしょう。つまりは、**「宗教的な修行者のような人」**です。

このタイプは、社会＝多数の人々との交流を求めませんから、他人から見ると

「付き合いの悪い人」などとマイナス評価をされがちです。でも、じつは繊細で愛情深い人間なので、他人のために自分の損得を抜きにして、大きな自己犠牲を払うことがあります。それがその人にとって、大きな喜びに結びつくのです。

ユングは、このタイプの個性を「静かな水は深いものだ」と、たとえました。外からは、ただ控えめでおとなしいだけの人に見えるけれど、心の奥底には、俗な損得勘定を超えた幸福感を持っている——といったニュアンスでしょう。

もっとも、このタイプは、外の世界とつながりを絶って自分の世界に閉じこもりすぎる場合があります。それがために、自分の気に食わない相手・興味のまったくない相手には、ひどく無関心で残酷になったりします。

自分の子供を溺愛する一方で、他人の子供は事故に遭おうが不幸になろうが知ったこっちゃない……といった感じのワガママな母親などは、このタイプの悪い例と言えるでしょう。

12 八つの個性タイプを見てみよう⑵

外向的感覚タイプ

外向的感覚タイプは、外の世界（現実）をただそのままに受け入れ、それで人生は十分だと考える人です。出来事や物に対してあれこれと意味を考えたり価値を見出したりすることは、あまり求めません。まさしく、感覚で外の世界と接するわけです。

つまり生物としての基本的な力である「五感」によって、まず現実を受け入れます。だから、たとえば異性との交流にしても、心の結びつき以上に「肌の触れ合いによる喜び」を、とても素直に受け入れたりします。

このタイプは、自分の好き嫌いや人生観で目を曇らせることなく、現実を正確につかみます。だから世間のカネの流れを的確につかめて、相場師として成功したりします。

また「補助機能」である思考機能がうまく手助けしてくれると、たとえばさまざまな資料を的確に整理整頓できる優れた事務職員になったりします。

そして、物をつくる職業に就くにしても、独創性より正確さ（寸法の正しさなど）が重んじられる**「職人」**に向いているでしょう。

このタイプが人生に失敗するパターンは、二つ考えられます。まずは、この個性が低俗に働きすぎて、性欲に溺れ、人生を踏み誤るパターン。

または、個性が強くなりすぎた反動で、無意識の「直観」機能が暴走を起こして、それまでとても真面目だったのに、突如として奇妙なヒラメキに心を奪われ、怪しげなカルト宗教などにのめり込んだりするパターンです。

内向的感覚タイプ

内向的感覚タイプは、物事の姿を正確に受け入れ、さらにそれだけでは終わらず、**その実態の奥深さをつかめる力**を持っています。

これは言ってみれば「写真」と「風景画」の違いにたとえられるでしょう。

写真は、現実をありのままに、機械の力で写したものにすぎません。しかし優れた風景画は、現実を写したものでありながら、そこに描き手自身が風景から受けた感じがプラスアルファされ、反映されます。そして、その感じとは、決して描き手の自分勝手な思いつきなのではなく、その風景が醸《かも》し出している雰囲気であり、機械には感じ取れない奥深さなのです。

このタイプの人は、音楽や美術の素晴らしさを深く感じ取れますから、**鑑定家や芸術評論家など**に向いています。

外向的直観タイプ

外向的直観タイプとは、「外の世界の存在＝他人や物事」に「隠れている可能性」を、見出せる人です。だれもが知っていること・わかっていることを超えて、たいていの人がまだ気づいていない何かを発見できるのです。

たとえば、若い才能を見出して新しいスターを誕生させたり、意外な工夫で新しい便利グッズを生み出したり……と、**人々に「新鮮な驚き」を提供してくれる力**があります。このタイプは、安定した生活というものに馴染めません。いつも

「何か新しいものはないだろうか」と大いなる好奇心をもって世の中に挑《いど》んでいるので、どうしても、腰を落ち着けてじっくりと一つの仕事に打ち込むことが苦手なのです。

ですから、社会的成功者にはなりにくいかもしれません。しかし、当人にとっては「安定した成功」などより、常に波瀾万丈《はらんばんじょう》の新発見を求める日々のほうが、生きている手ごたえを感じられるでしょう。

内向的直観タイプ

内向的直観タイプは、八つの個性パターンの中でも、とくに他人に理解されにくいタイプです。

このタイプは、「自分の内面の可能性＝今はわからないけれど自分が生み出すかもしれない何か」を求めて、**ひたすら自分の心の中に入り込みます**。

こういう人が、自分の追い求めているものを表現しようとすると、それが**「詩」**になるわけです。詩とは、本来は他人と共有できないはずの「個人の心が生み出すもの」を言葉にした作品ですから、決してシンプルな論理にはなりません。読者が必死に詩人の心の中に近づこうと努力しないことには、理解できないわけです。

となれば、外向的な人には「詩を理解すること」は、おそろしく困難なわけで、優れた詩ほど読者が限定されるのは、しかたのないことでしょう。

このタイプは、他人と交わるのがとても難しいので、ふだんは「補助機能」の力を借り、少なからず無理をして社会生活を営んでいます。無理矢理にさめた態度をとったり、不満を押し殺して他人の言いなりになったり……。

せめてまわりの人間がこの点を理解し、こんなふうに言ってあげたいものです。「あなたと私は性格的にそうそう仲良くなれないけれど、それがあなたの個性であって、決してあなたが悪いわけではないということだけは、私にはわかっていますよ」と。

以上のようにユングは、人間の個性を整理して見せたのです。わずか八つの区別とは大ざっぱではありますが、かなり高いレベルで人間の本質に迫れた優れた分析だと評せられるでしょう。

13 ユング心理学におけるコンプレックスとは何だろう?

コンプレックスは単なる劣等感ではない

「コンプレックス」という言葉、こんにちでは日常的によく使います。
「私、子供の頃、足の遅いのがコンプレックスだったのよねぇ……」
というように使いますね。自分にとって、他人より劣っていて恥ずかしいと思えるようなことを、指して使う言葉と言えるでしょう。

コンプレックスは、もともとユング心理学の用語の一つです。一九〇六年にユングが著作の中で使ったもので、のちに日本にも広まりました。

ただし、右のような使い方は、ユングの説くコンプレックスとは違います。ユング心理学で説明される「コンプレックス」は、もっと意味が複雑です。

たとえば「足が遅い」というのは、明らかに「客観的に他者より劣っている事実」でしょう。徒競走でいつも最下位だった。五〇メートル走のタイムが平均タイムよりずっと低かった。これらは人の感情が入り込むスキのない現実です。ですから、それを自覚して「残念だ」とか「恥ずかしい」とか思うのは、きわめて理性的な判断です。つまり「意識」の中で、きちんと認識できていることです。

では、「私、子供の頃からずっと、自分の足の太さが恥ずかしいんです」という気持ちは、どうでしょうか。

これが、コンプレックスです。

「足が太い」。この事実は「客観的に判断して他者より優れている、あるいは劣っている」という評価には、まったくつながりません。足が太いことは、理性的に判断して、マイナス評価をする必要が全然ないわけです。

それどころか、じつは一般的な感覚からすると、その人の足は「太くない」かもしれません。「太い」のは事実ですらなく、当人の思い込みにすぎないかもしれません。現に、おそらく周囲の人々を観察すれば、自分と同じ足の太さの人、もっと足の太い人が、何も気にせず暮らしているでしょう。

コンプレックスは無意識の中のこだわり

つまり**コンプレックスとは、理性的・客観的に判断すれば何でもないことなのに、自分の心だけがどうしてもこだわってしまうこと**を指します。これは、「意識のコントロールから外れた感情」です。つまり「無意識の中のこだわり」なのです。

このこだわりは、いわゆる「好き嫌い」とも違います。好き嫌いは、自分なりに理由の説明ができるでしょう。たとえば「私は海より山が好きだ」という場合、「なぜなら、山の緑に心が癒されるから」などといったように。

つまり「好き嫌い」は、自分の「意識」でちゃんと区別していることなのです。

ですがコンプレックスの場合、他人に「あなたの足、気にするほど太くないわよ」と言われたり「どうして、自分の足の太さが気になるの？」と問われたりしても、まともな返事はできません。

このとき他人は、そのこだわりに対して「理性的な説明」を求めているわけです。が、そもそもコンプレックスは理性から外れている「無意識」の産物ですから、自分の足を太いと判断するまともな根拠や、それを恥ずかしいと思うまともな理由がないのです。こうなると「とにかく嫌なの！」といったように感情的に爆発するだけで、まともな会話になりません。

このように、コンプレックスは、その人の理性的な言動を妨害します。親切心で声をかけてくれる友人に向かって、その気持ちがわかっているのにひどく怒鳴りつけてしまったり、フォーマルなスカートを履かなければいけない場なのに、足が気になってズボンを履いて出ていったり、と。

ユングは、こうした「無意識が生み出すその人独自のこだわり」の存在を、ブルクヘルツリ精神病院に勤務していたときの「言語連想検査」治療の中で、発見しました。

そして、それが心の病と深く関わっていることをつきとめたのです。

コンプレックスは理性的な言動を妨げる

コンプレックスは、きわめて個人的なものです。したがって、コンプレックスがその人の「無意識」の中で芽を出し、育っていったのには、その人独自の体験・人生に原因があります。

しかし、それは当人にも簡単には見出せません。なにしろコンプレックスの原因は、当人が「思い出したくない、知りたくない＝意識の中で自覚したくない」と思えるような辛い体験だったりしますから、自分の心が、それを自覚することにブレーキをかけてしまう場合が多いのです。

ですが、コンプレックスを放っておいて「理性の妨害」をさせるままにしておくと、その人の人生に暗い影を落とし、ついには心の病にまで発展してしまうわけです。大きなコンプレックスは、やはり克服しなければなりません。

では、コンプレックスの克服とは、どうすればよいのでしょう。

それを消し去るということではありません。

コンプレックスは、その人の人生体験が生み育てたものなのですから、それを消すというのは、それまでの人生を否定することにつながる危険性もあります。

そうではなく、**自分のコンプレックスを自覚し、それを意識の中に受け入れることが大切**です。

「私は、こんなことにこだわりを持ってしまう人間なのだ」と自分をよく理解し、そのうえで「だから、しかたがない」とあるときは妥協し、一方「でも、この場はコンプレックスを抑えなければ」と、あるときは強い意思の力で理性的判断を貫く。

そうやって、自分のコンプレックスとうまく付き合っていくことです。それができるようになれば、人生は、より深みのあるものになるのではないでしょうか。

コンプレックスを放っておくと…

**見て見ぬふりを
していると…**

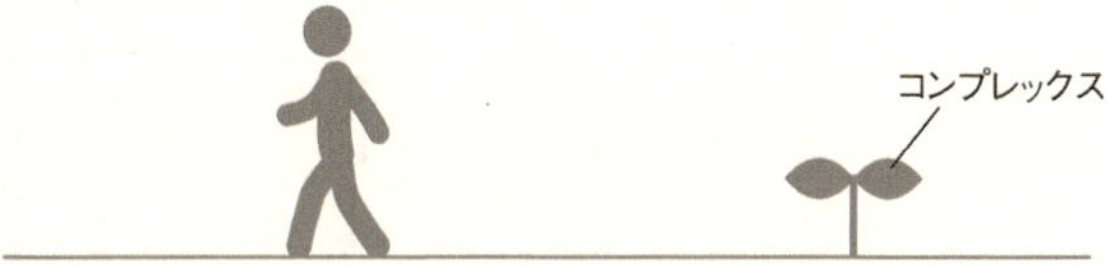

**無意識が暴走して
心の病を引き起こす**

コンプレックスを克服するには

- 自分がどこにコンプレックスを持っているのか、理解して受け入れる
- 無理して抑えつけようとしない

14 親子の間に起こりやすいコンプレックスの一例

親が子にコンプレックスを植えつける

人は、他人との関わり・社会との関わりの中で、人生経験を積み重ね、自分の心を育てていきます。ですから、コンプレックスもまた、他人との関わりの中で生まれ、育ってしまうものです。

コンプレックスは、その人にとって何らかの特別な「対人関係」の中で原因がつくられ、増幅していくわけです。

したがって、親の影響がコンプレックスを植えつけるおもな原因となる場合が、少なくありません。親はだれにとっても「もっとも関わりの深い他人」ですから、それは当然でしょう。

ただし、コンプレックスの内容、それが育っていった過程、そして、そのコンプレックスが当人の意識に与える影響などは千差万別で、一人ひとり違うものです。だから、「父親が植えつけるコンプレックスはこんなものだ」といったように、一つのパターンに決めつけることは、なかなかできません。

コンプレックスは、ある種の「抑圧」が原因となります。その人にとって「本当は、こうありたかった」「本当は、こうしたかった」という素直な気持ちを、対人関係の中で抑圧されつづけると、その不満が増幅して、その人の無意識の中に「理性から外れたこだわり」となって巣食うのです。

そうした抑圧は、やはり子供時代に親から受ける場合が多いわけです。が、親のほうには、そのコンプレックスの原因をつくっている自覚はたいていありません。子供と接しているうちについつい子供の願いに反した価値観を押しつけたり、よかれと思っていた教育方針が、知らず知らずのうちに、子供のコンプレックスの原因となっていくのです。

父親コンプレックスのキャリアウーマンの例

たとえば、バリバリのキャリアウーマンで、部下である男性社員にいつも厳しくある女性がいたとしましょう。彼女は有能で、部下に対する指摘や批判、叱《しっ》責《せき》は、たしかに的を得た正しいものばかりです。それだけに、だれも反論できません。

しかし、その態度が思いやりを欠いた、相手を情け容赦なく叩きつぶすような辛らつなもので、そのため周囲は彼女を嫌っています。彼女は彼女で、そうした周囲の雰囲気がわかるので、よけい意固地になり、ますます人間関係が険悪になっていく……。

こうした女性は「父親コンプレックス」である場合が、考えられます。

その女性の父親は、仕事面で有能な人であり、権威のある立派な男性だった。そしてその父は、子供時代の彼女にとって憧れであり、彼女は「父に愛してほしい」といつも思っていた。

彼女は父親に愛されたい一心で、一所懸命に勉強に励み、学校で優秀な成績を収めた。父親は喜んで「おまえは、優秀だねぇ」といつも誉めてくれた。

これはなかなか仲むつまじくほほえましい父娘の関係に見えます。が、じつは、これこそ彼女のコンプレックスを生む原因になっていたのです。

誉めることが逆に娘の重荷になる

父親が、娘の成績を誉めつづけたという事実は、「成績が優秀でない子供は、誉められる価値も愛される価値もない」と、娘に思わせることに、つながっていたわけです。彼女は本心では「成績など関係なく無条件で父親に愛されたい」と思っていたでしょう。しかし父親は、そんなふうには彼女に接してくれていなかったのです。

それはやがて、彼女の中で「人は、好きな人に愛されるためには優秀でなければならない」といった「思い込み＝狭い人間観」を育ててしまいます。さらには「人は、父や私のように優秀になるために努力すべきで、他人にもその努力を要求するのは当然だ」といった「こだわり」を持ってしまいます。

こうなると彼女は、「自分が優秀ではないくせに平気でいられる」他人が、極端に許せなくなってしまうのです。

コンプレックスの泥沼にはまると……

人はそれぞれ自分の能力に合わせて無理なく生きるというのが、現実的であり、健康的でしょう。ですが、彼女にはそんな真理が通用しません。

彼女のコンプレックスは、「自分の能力以上の努力をしない人間」に対して「それでよいはずはないって！」と、反発を感じてしまうのです。

ましてや、そうしたこだわりは、父親からの影響で無意識のうちに育ってしまったものですから、男性にはよけいに激しく、押しつけようとします。「父と同じ男のくせに！」といったわけです。

彼女は、そんな自分の「父親コンプレックス」を、しかし「正しい」と思い込んでいます。ですから自分の態度に同調してくれない周囲に対し、「私は正しいはずなのにそれを理解しないなんて、なんて愚かなの！」と、ますます反発するのです。これはもう、人間関係の泥沼の悪循環です。

彼女は、やはり自分のコンプレックスと向き合い、「自分の人間観は、偏ったこだわりにすぎず、絶対に正しいわけではないのだ」と気づかなければならないのです。

そのためにはまず、「父親が自分のコンプレックスを生み出したのだ」といった事実を受け入れなければなりません。それができなければ、彼女は精神的にも社会的にも、いつか破綻《はたん》してしまうでしょう。コンプレックスとは、このようなものなのです。

ユングの物語2

「フロイトとユング」

一九〇〇年、フロイトの研究成果である『夢判断』が出版されました。この年、ユングは二五歳。ブルクヘルッツリ精神病院の助手として勤務し始めた年です。

ブルクヘルッツリ精神病院の院長であるオイゲン・ブロイラー博士は優れた精神科医であり、フロイトの研究を高く評価していました。ユングは、上司であり恩師でもあるブロイラー博士の勧めもあって、フロイトの研究を知るようになったのです。

ユングは、夢を通して人の無意識を探るというフロイトの手法に、たいへんな感銘を受けました。やがて一九〇五年、ユングは「言語連想検査」の実績をまとめた『診断的連想研究』を出版すると、これをフロイトに、贈呈したのです。

フロイトもまた、ユングという新進気鋭の精神科医が自分を慕ってくれることを、たいへん喜びました。二人は幾たびもの文通をつづけ、そして一九〇七年、待望の出会いを果たしました。

ユングが、フロイトをウィーンに訪問したのです。このときユング三二歳、フロイト五一歳です。

この訪問の日、フロイトとユングは二人の研究について、なんと一三時間ぶっ通しで語り合ったといいます。その場に同席していたそれぞれの妻にしてみれば、ずいぶんと迷惑な話だったでしょう。幸いだったのは、両者の妻が二人とも、それぞれに夫によく尽くす献身的で寛容な女性だったことです。

ユングはこの出会いにたいへんな感動を覚え、のちに「フロイトは、私が初めて出会った真に重要な人物だった」と語っています。

この出会いの喜びは、しかしフロイトのほうがもっと大きく、熱っぽかったでしょう。フロイトはユングの優秀さを十分に認めていましたし、それほどの後輩から自分が慕われ尊敬されていることが、無上の喜びだったのです。

じつはフロイトの「性理論」は、当時の精神医学の学会ではほとんど評価されず、大きな支持などありませんでした。こうした事情もあって、ユングからのアプローチは、フロイトにとってとても嬉しいことだったわけです。

フロイトはこの後、ユングを自分の後継者にしたいと考え、それを内外に積極的に示すようになります。どうやら「ユングを手放したくない」という気持ちがフロイトにはあり、そのための既成事実をつくりたかったようです。

フロイトは露骨なほど、ユングをほかの弟子や支持者たちより特別扱いしました。一九一〇年、フロイトは、できたばかりの「国際精神分析協会」の初代会長の地位にユングを就かせ、さらに協会の『年報』の編集長にも就かせたのです。ユングは、精神分析協会のナンバー2となり、自他ともに認める協会の〝皇太子〟となったのです。

フロイトのこうした動きには、じつは政治的な意味もありました。当時の精神分析学はフロイトをはじめとするユダヤ人だけの考え方だ、とする偏見を、世間に持たれていたのです。そこで、当時すでに国際的な知名度もあり、何よりも生粋《きっすい》のアーリア系で、すなわちユダヤ人ではないユングが学会の指導者となれば偏見を打ち破れるだろう。――といった思惑《おもわく》がフロイトにはあったわけです。

ユング当人は、はたしてフロイトの待遇をどう思っていたのでしょうか。

ユングは、当初はフロイトの待遇を素直に受け入れ、献身的なほどに仕えています。ユングはフロイトに対して、明らかに強い愛情を感じていました。

その気持ちは、息子が父親を慕う気持ちと同じだったでしょう。じつの父親が尊敬できない弱々しい父だったユングにとってみれば、フロイトはついに出会えた理想の父親かのように映ったのです。

ですが、もともと二人の考えには、大きな開きがありました。人の心をすべて性欲で説明しようとするフロイトの「性理論」に、ユングは「ちょっと違うな……」という違和感を抱いていました。ユングがフロイトの後継者になることは、初めから無理な話だったのです。ユングは徐々に、自分はフロイトから離れなければならないと、痛切に感じるようになっていきます。

結局、ユングはフロイトと決別します。二人のあいだに何度かのすれ違いと衝突が生じた後、ユングは、フロイトの「性理論」に対する自分の反論を、あろうことか精神分析協会の会報に載せたのです。一九一二年のことです。

後継者と信じていた、あるいは信じようとしていたユングから、フロイトは公然と批判されたわけです。フロイトのショックは尋常ではなく、ユングを「裏切り者」とののしりました。

ユングは、この二年後の一九一四年に、国際精神分析協会会長を辞任します。そして、あらゆる社会的な交流を絶って、自宅に引きこもるようになります。フロイトとの決別は、ユングにとって社会的な影響以上に精神的に大きな混乱を招いたのです。「本当にこれでよかったのか。よかったはずだ。だったら私はこれから、どうすればいい……」と。

この時期のユングは、人生最大の壁にぶつかっていたと言えます。引きこもりは、五年間ほどつづきました。そして彼は、フロイトから完全に独立したオリジナルの心理学の道を見出すことで、暗闇の時代から脱却するのです。その最初の成果が、一九二一年に出版した『タイプ論』だったのです。

なお、フロイトはのちに、ユングが自分のもとから去ったことをひどく悔《く》やんだといいます。

PART 3

心の元型・闇をのぞいてみよう

人の心の行動を決める重要なプログラム
「元型」や「シャドー」「ペルソナ」
「アニマ・アニムス」を探ってみよう

1 元型は古今東西人類共通のもの

ユング心理学と「元型」は、切っても切れない

ユング心理学は、別名「元型心理学」などとも呼ばれます。ユング本人がそう呼んだわけではないのですが、「元型」という概念は、まさにユング心理学の中心であり、ユング心理学のもっとも特徴的なものだからです。

では、元型とは何でしょうか。

母親に思い浮かべるイメージの意味すること

ユングは、人の行動が本能によって決められるように、人の心の感じ方にも、それを決める基本があると気づいたのです。

たとえば、人は「自分を産み育ててくれた母親という存在」に対して、「包み込まれたい、頼りたい」といった気持ちを持ちます。また「母親とは、包み込んでくれるもの、頼れるものだ」というように、思い込んでいます。そんな母親像があればこそ、「母なる地球」とか「母なる大地」とかいった表現もあるわけです。

ですが、ここでちょっと考えてみてください。どうして人は、母親という存在に対してそのように感じるのでしょうか。

これもまた、結局は、「母親とはそういうものだ」と思い込むように「人間の心ができている」からです。つまり**「母親イコール包み込んでくれるもの」と感じるプログラムが、人間の心に初めから備わっているからです。これが、「元型」です。**

本能とは、人の行動を決める基本であり、初めから備わっているプログラム。それと同じように、元型とは、人の「物事に対する感じ方」を決める基本であり、それは人間の心の奥底に初めから備わっているものなのです。

元型は人類に共通のもの

ユングは、こうした元型が何種類か存在し、それが人類共通のものとして、だれの心の奥底にも宿っていることを発見しました。そして、それらが心の奥底から個人の意識に対して常に大きな影響を与えていることを見出したのでした。

元型は、古今東西人類共通のものです。ですから、その元型の影響からつくられたものは、やはり同じような形になります。

たとえば、日本の縄文時代の土偶《どぐう》に、丸っこくて下半身のドッシリしたデザインの人型土偶があります。そのユーモラスな姿を見ると、だれもがなんだか温もりや安心感を感じます。

じつは外国の石器時代の発掘品にも、やはり同じような雰囲気の像があるのです。これらのデザインは、人類共通の「母親元型」が古代人の心に影響を与えてつくらせたものだと考えられます。

だから、この両者には同じような雰囲気があるのです。そして「これらは『母親の感じ』を表した姿です」と説明されると、だれもが「あぁ、なるほど。言われてみればそうだ……」と、思わず納得するでしょう。

神話なども、その成り立ちに元型が大きく影響を与えています。神話は世界各地に色々とありますが、多くが、大枠で同じような構成パターンを持っています。そして人はみな、神話に触れると「同じような面白さや納得」を感じるものです。

それらの神話の根本には、元型が影響しているからです。そして、神話をつくった古代人も、それを聞く我々現代人も、同じ人間であり、同じ元型を心の奥底に宿しているからです。

「戦い好き」は人間の本能?

人間が古来、争いをやめないのも、一つには人間が「戦い好き」だからと言えるかもしれません。また、さまざまなスポーツ競技はやはり戦いであり、人々は、だからこそスポーツに熱中します。ワールドカップサッカーに世界中の人が熱中するのも、それが国家の威信をかけた「戦い」だからです。

なぜ、人は戦うことが好きなのでしょうか。答えは単純です。それが人の「本能」だからです。

合理的な理由や損得の判断を超えて、「とにかくそうしたい」と人間は思ってしまう。人間はそのようにできているのだ。――と、そんなふうに説明できます。本能とは「人間の行動を決める基本的なプログラム」です。それがあるから人間はそのように行動する。――というものです。

普遍的無意識は元型の集まり

元型とは、人類共通の無意識すなわち「普遍的無意識」を支えているものだと言えます。元型にはいろいろな種類がありますが、それら一つひとつが、普遍的無意識の「パーツ」なのです。普遍的無意識とは「さまざまな元型の集まり」です。

元型は、何らかの「たとえの姿」によって初めて感じ取ることができます。意識が元型の存在を知るのは、常に「たとえの姿」によってなのです。

土偶にしても、これは決して「母親元型そのものの姿」ではありません。「母親元型を感じさせるための、たとえの姿」というわけです。この区別は混同されがちで、ユングが元型について世間に発表したときも、よく間違われました。

また、こうした「たとえの姿」は、擬人《ぎじん》的に現れる場合が多いのです。夢に元型が現れるとき、何かの登場人物の姿を借りて現れることが、よくあります。ただし、あらゆる元型が常に人の姿にたとえられて現れるわけではありません。

2　元型にはさまざまな種類がある

元型は意識にマイナスに働きかけることもある

元型は、人類共通の「物事の感じ方のパターン」として心の奥底に存在します。

ユングは長年の研究によって、元型というものが存在し、それが個人の意識に対して、さまざまな影響を与えることを発見しました。この影響は、必ずしもその人にとってプラスになるばかりではありません。

元型とは、とても大きなパワーを持つもので、しかも無意識の存在です。その影響が当人のプラスになろうがマイナスになろうが、おかまいなしに意識に働きかけてきます。だから**元型が暴走すると、やはり当人の心のバランスが崩れて心の病へと進行してしまいます。**

元型のさまざまな種類を知っておこう

ユングは、いくつもの元型の種類を整理しました。その中でも重要とされるものは、「母親元型」である「グレートマザー（太母《たいぼ》）」、「父親元型」である「オールド・ワイズ・マン（老賢者）」、そして「シャドー（影）」「アニマ・アニムス」……などでしょう。

グレートマザーは、「生み出すもの」「慈しむもの」「包み込んでくれるもの」といったイメージを、意識に働きかける元型です。農作物を育て命を育んでくれる大地に対して、だれもが「あたたかみやありがたさ」を感じるのも、この影響なのです。

また、子供はだれでも、グレートマザーの影響を受けて「母親とは、こんなものだ」というイメージを生まれながらにインプットされています。ですからそれぞれの母親に対して、同じような慈しみや包容を求め、同じように甘えるわけです。

「老賢者」は「立派さ」を示す元型

一方、父親元型である「老賢者」とは「無条件に自分を慈しんでくれるのではなく、公平で厳正な態度で接し、悪いことをすれば厳しく罰してくる」、そして「正しい道へ自分を導いてくれようとする」――と、そんな「立派さ」を示す元型です。

そうした存在への憧れや希望が、だれの心の奥底にもあるものです。そして、そうした想いは、理想的な父親像と重なるものでしょう。

この元型が「たとえられた姿」となって夢などに登場する場合、年老いた魔法使いのような男性として、よく現れます。神話やおとぎ話にも、こうした登場人物が多いでしょう。そこでユングは、こうした元型を「老賢者」と名づけたわけです。

ユングは、人生の岐路《きろ》に立たされて苦悩していた中年時代に、自分の中の老賢者が一人の老人の姿を借りて自分の目の前に現れたという体験をしました。

ユングは、その老人を「フィレモン」という名で呼びました。そして「私はフィレモンと二人で庭を歩き、フィレモンからさまざまな教えを受けた」といった思い出を、のちに語っています。

これは、ユングが「実際に現れた」と感じるほどの強い存在感を持って、彼の中の老賢者が彼の意識に働きかけてきた。——ということです。

フィレモンは、当時のユングの誤りを正してくれたといいます。フィレモンは庭を歩きながら、ユングが考えついた論理や思想について、「それは、おまえがつくり出したものではなく、この世に初めからあったものなのだぞ」と諭してくれたそうです。

ユングはそんなふうにフィレモンに怒られたおかげで、自分の心理学理論が決して自分勝手なでっち上げではない真実なのだ、という自信と安心感を得られたのでしょう。

このユングの体験は、元型の意識に対する働きかけが、人生に大きなプラスとなった理想的な例と言えます。元型はこのように、人生にプラスに働くこともあればマイナスに働くこともあるわけです。

グレートマザー

大人の中にも、年上の女性との付き合い方が上手で、年上の女性に可愛がられるタイプの人がいます。あれは、その人の中のグレートマザーが、相手の女性の意識にうまく働きかけているからです。

一方、グレートマザーには「子供を独占しようとする」「束縛する」、さらには「自分の子供を呑み込んでしまう」といった暗い面もあり、それが何らかの破壊的なイメージとなって意識に働きかけてくる場合もあります。

あまりに子供を過保護に育てる母親に対して、子供はかえって反発しやすくなります。これは、子供の無意識の中に備わっているグレートマザーが子供の意識に向かって「おまえの母親は、おまえのことを、自分の所有物にして一生縛りつけておくつもりだぞ」といったように、ささやいているのです。その結果として、必要以上の反発心が子供の意識に芽生えてしまう。――というわけです。

3

男が持つ女の心「アニマ」と女が持つ男の心「アニムス」

男と女がそれぞれに持つ元型

ユングが発見した「元型」には、いくつかの種類があります。**その中でも、後年にもっとも物議を醸したのが、「アニマ」「アニムス」と呼ばれる元型**です。

元型は人類共通のもので、人間ならだれもが同じものを持っているはずです。ただし、例外があります。それは「男だけが持っている元型」と「女だけが持っている元型」です。

人間には男と女の二種類があります。生物学的には、男は女ではなく、女は男ではない。当たり前の話です。しかし、心の問題となると、それだけでは解決できないことがあります。人の心は意識と無意識がセットになっています。そして、それに合わせて男の心と女の心のセットが、やはり備わっているのです。

そのため、男は「意識が男」のため、それを補うものとして無意識の中に「女の心」を潜めています。女の場合もやはり「意識が女」ですから、その補いとして無意識の中に「男の心」を持っているのです。

この**「男が持つ女の心」を「アニマ」と呼び、「女が持つ男の心」を「アニムス」と呼びます。**

アニマ・アニムスは姿形を変えて現れる

それぞれの元型は、やはり「その性の姿」にたとえられて夢の中に現れることが多いものです。アニマは美しく優しい女性の姿で、アニムスはたくましくりりしい男性の姿で夢に現れます。

ただ、いつでもそのように擬人化されるわけではなく、別のたとえの姿を示す場合もあります。たとえば夢の中で、アニマは猫の姿になる場合もありますし、水や船や洞窟となって現れる場合もあります。アニムスの場合、鷲《わし》やライオンの姿となって夢に出てきたり、剣となって現れたりもします。

どんな男性にも「女性ってこんなものだ」あるいは「女性は、こうであってほしい」といった「共通した女のイメージ」がありますね。同様に、どんな女性にも「共通した男のイメージ」があります。アニマ・アニムスとは、このような「一般的な男らしさ・女らしさ」を示す元型です。したがって個人個人の人格・長所短所には、あまり関係しないものです。

たとえば、男性が涙もろいと「すぐ泣くなんて男らしくない！」なんて非難される場合があります。これは「涙もろい＝女性的な性質」というアニマが導き出す一般的なイメージがあるからです。しかし涙もろい男性とは、別の視点で考えてみれば「感受性が鋭く、他人の不幸を強く感じられる人」といった優れた人間性の評価につながります。

また、活発な女子に対して「女の子なんだから、もっとおとなしくしなさい」なんて怒り方をするのも、昔からありがちです。これもまた「活発＝男性的な性質」というアニムスによってつくられた一般的なイメージがあるからです。

ですが、男子だろうが女子だろうが活発なのは長所の一つであり、それが女性だという理由だけで否定される必要は、まったくありません。

アニマとアニムスを言葉で表すと…

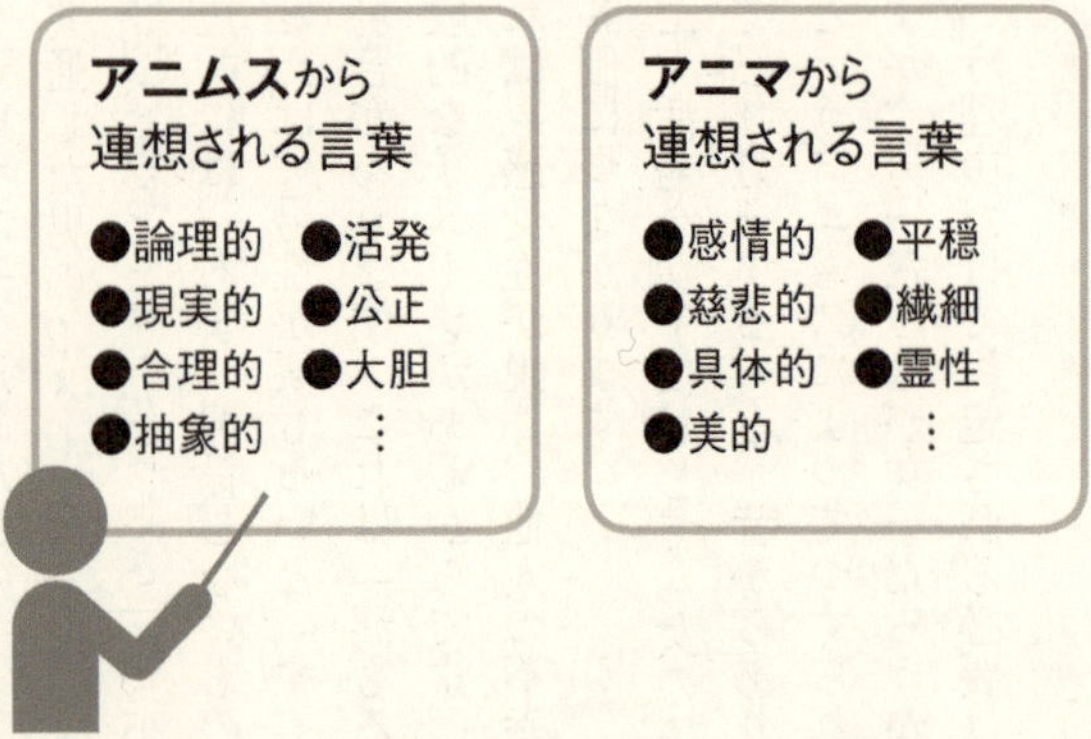

アニマは「愛」、アニムスは「理法」

人は、理想の異性を空想するとき、アニマ・アニムスという元型の影響を受け、その影響と個人的無意識のイメージが合わさって、独自の理想を生み出します。

アニマ・アニムスが示す性質を比べてみましょう。アニマは、感情的・慈悲的・繊細・具体性重視・平穏・美的・霊性などの言葉が連想できます。

あたたかく男を見守ってくれる女もアニマの生み出すイメージですし、一方で、男を狂わせ破滅させる魔性の魅惑をふりまく女も、アニマのパワーを感じさせるイメージです。こうした**女性的性質の原理を、一言で「エロス」と呼びます。**この場合のエロスは、日本語で言えばズバリ「愛」でしょう。

一方、アニムスは、論理的・公正・大胆・抽象的思考・活発・現実的・合理的などというキーワードを並べられます。社会の中で、物資的な発展を目指して働くエネルギー。万事をシロクロはっきりさせようとする性質。こうした**男性的性質の原理を「ロゴス」と呼びます。**日本語としては「理法」と表せばよいでしょうか。

男性が夢に見るアニマは「たった一人の女性」

面白いことに、男性がアニマの「たとえの女性」を夢などに見るとき、それは「たった一人の女性」になる場合がかなり多いのです。

絵画や文学において、男性作家が繰り返しワンパターンの女性像を創造しつづけることがあります。西洋絵画によくあるモチーフの「聖母マリア像」などは、その典型です。画家は生涯にわたって何枚ものマリア像を描くのですが、その画家の描くマリアは、いつも同じような顔をしています。画家のアニマが生み出す女性の姿が、いつも同じだからです。

ところが女性の場合、夢などに見るアニムスの姿は、時によっていろいろな男性の姿にたとえられるのです。つまりアニムスは、何人もの男の姿を、女性の意識に提供してくれるのです。

ユングもこの点は釈然としなかったようで、「私は、女性が自分のアニムスについて明確に報告してくれた例を、見たことがない」などと、なにやら不満気な言葉を残しています。

4 「アニマ・アニムス」が暴走すると、人格、人生を台無しにする

母親的な愛情を求めつづける男性

男が初めて接する女性とは、母親です。男は幼い頃に母親を通して「女とはこういうものだ」といったイメージを確認していきます。母親は、男の心にとっての「アニマの萌芽」とも言えます。

年齢をどれほど重ねても、次々と付き合う女性を替えていく男を、時折見かけます。こうしたタイプは、幼い頃のアニマの芽＝母親像を、年を取ってもそのまま引きずっている場合が多いようです。

アニマもアニムスも本来は、人の成長に合わせて変貌していくものなのです。が、こうした男のアニマはいつまでも母親的なままで、そのためまわりの女性に「母親的な愛」を求め、甘えたがるのです。

しかし現実問題として、母親以外の女性が母親の代わりを果たしてくれるなどということは、滅多にありません。だからそうした男は、付き合う女性に常に精神的な満足を得られず、次々と別れては、また別の女性を求めてさまようわけです。

やたらと男らしさを強調する男性

一方、やたらと自分の男らしさを強調する男性もいますね。このタイプの男性も、自分のアニマにふり回されて人生を台無しにすることがあります。

このタイプは、意識のうえで「自分の男らしさ」を激しく発揮しようとしているわけです。仕事をバリバリこなす。自分にも他人にも厳しい。女性をバカにしたような態度をとる。

このような態度は「意識としての男らしさ」にこだわるあまり、自分の無意識に潜んでいるアニマを無理矢理押し殺すことになります。すると、いつかその反動としてアニマが意識に激しく働きかけてきます。アニマの「逆襲」です。

アニマ・アニムスにふり回されると……

アニマの「逆襲」が起こると、急に自分のしてきた仕事が虚しくなって、その虚しさを埋めようとするため突然、女性を激しく追い求めたりします。

年を重ねてからも男性が女性を求めること自体は、むしろ自然なことです。が、こうした人の「いきすぎたふるまい」はアニマの暴走であり、年相応の理性のコントロールがききません。周囲に迷惑をかけ、自分自身も破滅させてしまうかもしれません。

さらに、こうした男性は急に涙もろくなったり、感情的に爆発しやすくなったりします。

高収入・高学歴にこだわる女性

一方、アニムスの暴走によって人生をおかしくしてしまう女性もいます。

女性の中には、男顔負けで仕事をバリバリとこなす一方、融通《ゆうずう》がきかず、他人に情け容赦なく、頑固で傲慢な人がいるでしょう。これは、彼女のアニムスが意識に活発に働きかけ、本来の「女としての人間性」を「男性的」に変えてしまっているのです。

その働きかけがあまりに激しいので、もはや意識は、アニムスをコントロールできなくなっているのです。そして、アニムスは意識のコントロールを拒否していますから、こうした場合の他者への思いやりや仲間への配慮といった「社会生活に必要な理性的判断」を、置き去りにします。こうなると、その人は孤独に陥ります。

また、世間には、自分の恋人や夫、息子に対して「一流大学を出なければいけない」とか「収入が多くなければいけない」などと、通俗的な価値観を押しつけたがる女性がいますね。こうしたタイプも、じつはアニムスにふり回されている女性です。

出身校や収入や社会的地位にこだわるのは、きわめて「男性的な発想」です。物事を損得や地位などの「目に見える単純な比較」で判断するという態度です。

女性は本来、物事の裏に秘められた美的な価値や愛情の価値にまで目が届くはずなのに、そうした眼力を、アニムスの強い影響のために自ら捨ててしまっているというわけです。

さらにアニムスが暴走すると……

こうした女性のアニムスがさらに暴走してしまうと、「女としての誇り」が持てなくなります。だから「私なんか、どうせ女なんだから……」などと、自分が女性であることを卑下します（ただし賢い女性が自らを省みて「女はダメだなぁ」などと思うのは、批判ではなく反省であり、それは自分のアニムスをよい方向にコントロールすることにつながります）。

あるいは「私だけは、世間の女のようにダメにはならない」と、自分自身に無理強《じ》いをしたりします。こうした女性が決して、人としての幸福を得られないのは、だれの目にも明らかでしょう。

アニマ・アニムスは、人が「人としての完成された心」に至るための、大切な要素です。ほかの元型同様に、普遍的無意識を支える大切なパーツです。しかし、それがあまりに強く「意識をおびやかす存在」となってしまうと、本来あるべき男としての理性・女としての理性を失わせます。

5 「アニマ」は四段階を経て完成する

第一段階＝生物学的アニマ

ユングは、心の病に陥った多くの男性患者を治療しているうちに、「アニマという元型は四段階に変貌していく」ことを発見しました。

男性は母親との接触によって、自分のアニマにまず大きな影響を受けます。いわば、アニマが無意識の中で芽を出す段階です。

やがて成長していくにつれ「母親以外の女性」を見ることで、男は、母親から離れて「女という異性を受け入れる」ようになります。こうして、アニマが無意識の中にはっきりと形づくられていくわけです。アニマは、ここから四つの段階を登っていきます。

第一段階のアニマは「生物学的アニマ」です。

つまり**「生物としての女性＝子供を産める存在」**を、**男は無意識の中でまず求めていく**のです。女の精神性ではなく肉体性が示されるアニマです。

言ってしまえば、男にとって「肉欲を満足させてくれるなら、どんな女でもかまわない」というレベルのアニマであって、いわゆる**「娼婦型の女」**が、このアニマを、よくたとえた姿となります。男を挑発し誘惑する女性像が、このアニマを示す姿として夢に現れたりします。そしてこの段階のアニマは当然のように、現実の女性に人間性など求めません。

現代、過激な性描写の写真がインターネットなどで氾濫《はんらん》しているのは、この段階のアニマが「社会全体の精神」に蔓延《まんえん》している結果ではないでしょうか。

第二段階＝ロマンティックなアニマ

第二段階のアニマは「ロマンティックなアニマ」です。

この段階のアニマは、**「男が自分のパートナーとして求める女性像」**を示します。つまり女性の人格を認め、恋愛感情を生み出すアニマです。

このレベルのアニマは、清純で心優しい女性にたとえられて、夢に現れたりします。**古典的なおとぎ話のお姫様のイメージ**です。

このアニマ像は、男の永遠の憧れです。古い西洋の騎士道物語に登場するお姫様や、現代の若者が熱中するテレビゲームの世界に登場するヒロインも、たいていこのタイプです。

もっとも、現実の女性から見れば「男に都合のいい女性像にすぎない」と言いたくなるでしょう。アニマはあくまで男の無意識ですから、現実の女性とはギャップが生じるのも当然です。

第三段階＝霊的なアニマ

第三段階のアニマは、「霊的なアニマ」です。

一言で言えば**「聖なる女性像」**を示すアニマです。無償の愛、無限の慈悲、すべてを救済してくれる至高の癒し……そうしたイメージを提供します。

いわば「女性として最高にして完璧な存在」を、そのたとえの姿として示します。乙女の清らかさと母親のあたたかさが共存している半面、男の肉欲を誘う成熟した肉体の存在意義は、切り捨てられます。

キリスト教の聖母マリア信仰は、長年このアニマ像によって、支えられてきました。

また、インドの人々の救済のために生涯をささげノーベル平和賞を受賞した、あのカトリック修道女のマザー・テレサ（一九一〇〜一九九七）は、肉体を持つ現実の女性でありながら、この「霊的なアニマ」像を貫いた人物です。この点において、彼女の生涯そのものが人類史の奇跡だったと言えます。

彼女は二〇一六年時の、ローマ法王フランシスコによって「聖人」に列せられました。法王もまた、この「奇跡」を認めたからでしょう。

第四段階＝叡知のアニマ

そして、最後の第四段階のアニマが「叡知《えいち》のアニマ」です。

このアニマは女性的と言っても、もはや人間のレベルではありません。**老若男女すべての人間を包み、正しい道へ導いてくれる「神の領域に至った女性」**の姿を示すアニマです。

アニマはあくまでも「男の持つ女性的元型」ですから、やはりこの段階のアニマでも、女性的要素である優しさや美しさを備えています。しかし「母親が子供を溺愛するような激しい愛情」や「乙女が男に保護を求めるような弱々しさ」などとは、もはや無縁の女性像です。気高く、りりしく、神秘的にして、尊大です。深遠な知性を内包しています。

おそらく、我々日本人がこの段階のアニマ像としてもっともイメージしやすいのが、仏教美術の観世音菩薩《かんぜおんぼさつ》像や弥勒菩薩《みろくぼさつ》像でしょう。あの美しさは明らかに女性的でありながら、人としての生々しさが、かけらもありません。

男性は恋で磨かれる!?

男性は、四段階のいずれかの段階のアニマを、無意識の中に秘めています。そして、その影響を意識が受けることによって、自分が求める女性を得ようとするわけです。

ユングは、アニマが第一から第四へと段階を登っていくことで、その先に「人として完成された心」へと至る道が見えてくる。——といった説明をしています。しかし、男性にとってその道は困難です。

なぜなら、そのためには男が「自分のアニマと向き合い、それを理解する」ことが必要であり、それには、男性が「自分の無意識の女性的要素＝男として認めたくない自分の弱さ」を認めなければならないからです。

恋にうろたえ、そんなうろたえる自分を認める。そうしてようやく、段階を上がっていけるのです。「恋は人を成長させる」とは、よく言ったものです。

6 「アニムス」も四段階に変貌していく

第一段階＝力のアニムス

アニマと同じように、**アニムスにも四つの段階があります**。

このアニムスの四段階を説明したのは、じつはユング当人ではありません。ユングの妻であり、ユング派心理学者であるエンマ・ユングです。エンマによれば、アニムスは「力・行為・言葉・意味」と、四つの段階を登っていきます。

第一段階の「力のアニムス」とは、男性の肉体的な強さをイメージさせるアニムスです。

このアニムスは、スポーツ選手やマンガのヒーローのような姿にたとえられて現れます。この場合、その男性像は「何のために身体を鍛えているのか」といった精神性は、どうでもよいのです。ただ**「力強い身体であること」が求められるアニムス**です。

第二段階＝行為のアニムス

第二段階の「行為のアニムス」とは、勇ましい行動をする男性像にたとえられるアニムスです。

これもまた、力強い肉体の男性をイメージさせるアニムスです。しかし重要なのは、その肉体を駆使して行動を起こすことであって、そのための**強い意志の力や目的意識が、アニムス像に示されます。**ここに至って、アニムス像に精神性が宿ってくるわけです。

第三段階＝言葉のアニムス

第三段階の「言葉のアニムス」。これは、肉体性よりも論理性や合理性を示すアニムスです。

論理性・合理性は、アニムスの重要な要素です。この段階で、こうした要素が前面に出てきます。物事のありようを的確に理解する能力・それを説明する能力を求めるアニムスなのです。

要するに、論理によって物事をシロクロはっきりさせる姿勢が、このアニムスによって喚起されるわけです。したがって、**演説で他人を引きつけるオピニオン・リーダーのような男性像**が、このアニムスをたとえた姿として現れたりします。

第四段階＝意味のアニムス

第四段階の「意味のアニムス」とは、物事を単に説明するだけでなく、そこに秘められた意味を示してくれるアニムスです。

物事の意味や価値を与えてくれて、人生の意義や世界の素晴らしさを教えてくれるアニムスです。つまり、言葉のアニムスが「これは、こうだ」と示すだけであるのに対して、意味のアニムスは「これは、こういうことだ」と示してくれるのです。

このアニムスは、むしろ穏やかな男性像にたとえられて現れるようです。他者を力でグイグイ引っ張るというより、**他者に精神的な喜びや満足を与えることで人々から慕われるような男性像**を、示すというわけです。

言葉のアニムスと意味のアニムスは、まさに「ロゴス（理法）」の元型です。**文明社会の中に生きる女性の意識に強く働きかけるのは、やはりこの二種類のアニムス**でしょう。

自立した女性は人生を意義深くできる!?

女性が自分のアニムスを受け入れるのは、男性が自分のアニマを受け入れる以上に、ある意味で辛くたいへんな道のりでしょう。

自分の無意識にあるアニムスにまったく気づかず、ただ「女としての意識だけ」で生きている女性は、男から見れば、「自分のアニマに合わせてどうとでも染められる」ような、御《ぎょ》しやすい存在です。男性にとって、これは都合がいい。だから男性に可愛がられます。

しかし、アニムスを受け入れて心の成長に目覚め、人として自立の道を歩む女性は、どうでしょう。男にとって「対等以上の立派な人間」となってしまうのです。言い換えると、その人は男が気楽に可愛がれない女となるのです。

この日本は、いまだ「男社会」です。女性が自立して生きるのは男が自立するよりたいへんで、不公平な困難がつきまといます。ですから、男に可愛がられる女性のほうが、自立を目指す女性より生きるのはラクでしょう。

それでもやはり、人として完成された心を目指すことのほうが、人生を意義深くするのではないでしょうか。

7 人はだれしも「仮面（ペルソナ）」をかぶって生きている

人はだれもが集団での役割を担っている

人は集団の中で生きています。それは言い換えると、集団の中での役割をそれぞれが分担して、みなで集団を支えているということです。

リーダーの役割もあれば、事務的な仕事の役割もある。現場で率先して動く役割や、集団をなごませるために楽しい雰囲気をつくる役割もある。それぞれが自分の役割を務めることで、集団がうまく動く。プライベートな仲間でも会社でも、そして国家という大きな集団でも同じです。

人には「自分の役割を果たさなければならないと思う」心があり、また「他人に、その人の役割を期待する」心があります。こうした傾向は、人間だれもが持っている、やはり元型の一つです。

この元型を、ユングは「ペルソナ」と名付けました。ただし、一人ひとりのペルソナは、その人の個人的無意識や意識にダイレクトに関わってくるもので、「現実生活で外にはっきりと現れてくるもの」です。

「ペルソナ」とは本来、役者がかぶる仮面を指した言葉です。つまりユングは「集団の中での役割」というものを、**「集団に向けて自分が着ける仮面」**にたとえたわけです。

ペルソナは「自分でも認めている仮面」のこと

ペルソナは、一般的に「〜らしい」という言葉で表せます。人は他者には「その立場らしくふるまってほしい」と願います。これは、すべてペルソナです。

また、仲間うちでふだん面白いジョークをとばしてみなを笑わせるヒョウキンな人がいると、その人に会うたびに「きっと、また笑わせてくれる」と期待しますね。そして、その人が何か悩みをかかえてクヨクヨしていると、「あなたらしくないわ」と声をかけたりします。

これもまた、「その人は他人を楽しませる人間のペルソナを持っている」と、みなが認識しているからです。

　こうしたとき、当人もまた「こんなの、自分らしくないな」と認める場合が多いでしょう。そうなのです。**ペルソナは「当人も認めている仮面」なのです**。仮面は仮面でも「本当はこんな役割は嫌なんだ」というように、意識の中で拒否するものではありません。人はごく当たり前に、ペルソナを受け入れて暮らしています。

制服とペルソナの密接な関係

　ところで、制服というものは、ペルソナを「より強く意識に受け入れるための道具」とも言えます。

　たとえば警察官は警察官の制服を着ることによって、自分が「社会正義を守る勇敢な人間」であることを、より強く実感します。そして、周囲が自分をそのように見ていると感じ、それに誇りを覚えます。

　ほかにも、スポーツ選手のユニフォーム、医療関係者の白衣、学生服、そしてビジネスマンのスーツ。いずれもペルソナを強く自覚する道具と言えます。

ですからペルソナは、夢の中では擬人化されるよりも、服装にたとえられて現れる場合が多いのです。自分が夢の中で、個人的な体験記憶につながらない服装をしていたら、それはペルソナが影響を与えているのかもしれません。

自分に合わないペルソナの恐ろしさ

人はさまざまな集団の中で、さまざまな役割を担っています。たとえば一人の主婦でも、妻・母親・嫁・年老いた親の子供・仕事上での地位・友だちの中での立場……と、役割はさまざまです。したがって人は、いくつものペルソナを使い分けます。

ところが面倒なことに、**ペルソナには「自分に合ったペルソナ」もあれば、じつは「自分に合っていないペルソナ」もあるのです。**

たとえば「君は若いんだから、もっとフットワークを軽くしてエネルギッシュに動け」などと会社の上司に命じられたり、「子供のしつけは厳しくしなければダメだ」などといらぬアドバイスを受けたりと、「自分に合わないペルソナ」を強要されることが人生には少なくありません。

人の心は、そもそもペルソナを受け入れるようにできているため、どれほど「自分に合わないペルソナ」でも拒否せずに受け入れようとしてしまうことが、多いわけです。こうなると、まず失敗します。自分の心の機能に合わない役割を担おうというのですから、無理が生じるのは当たり前の話でしょう。

ペルソナは、夢の中で服装にたとえられて現れる場合があると述べましたが、こうした「合わないペルソナ」は、夢に「自分が裸体になっている姿」となって登場することもあります。そのペルソナに対する「違和感」が、「合っている服を持っていない自分」という姿に、たとえられるのです。

このときの裸体姿は、解放感よりも羞恥心《しゅうち》を感じるものです。

自分に合ったペルソナとは？

「自分に合ったペルソナ」とは、心の四つの機能のうちで自分の優越機能（意識に現れている機能）を活用できるペルソナです。

たとえば思考型の人なら、社会においては「知的な仕事に従事するペルソナ」をうまく使えるでしょうし、家庭では「子供を穏やかに諭して導いてやる理性的な親のペルソナ」を上手にこなすでしょう。

8 「ペルソナ」の持つ危険性を知っておこう

ペルソナは偽りの自分？

集団の中で担う役割を受け入れる心。この元型を、ユングは「ペルソナ＝仮面」と名づけました。

しかし「仮面」という言葉からは「本当の自分を隠した偽《いつわ》りの顔」という意味が、導き出されます。

元型とは本来、人類が「宿命として心に宿しているもの」なのですから、その価値が高いか低いかなんて、決めるべきではありません。

ですが**ユングは、自分が発見したいくつもの元型の中で、ペルソナに対しては、やや否定的な「軽蔑するような見方」をしていたようです。**ペルソナなんて浅はかで、ないほうがいいんだ……といったようなニュアンスが、ユングの説明には感じられます。

だからこそ、この元型を「仮面」などと名づけたのでしょう。なぜでしょうか。

ペルソナは、人の心をダメにしてしまう危険性がとても大きい元型だからではないでしょうか。実際、ユングが出会い治療してきた心の病の患者には、ペルソナによって病に陥った人が多かったのです。ペルソナの危険を、ユングは痛烈に実感していたのです。

ペルソナにはさまざまな危険性がある

ペルソナは、さまざまな危険を人の意識に持ちかけます。まずは「自分に合わないペルソナ」です。

自分に合わないペルソナを無理に受け入れようとすると心のバランスが崩れ、心ばかりか身体までも病んでしまいます。それは結局「できない役割を無理に演じようとする」わけですから、ストレスが溜まるのです。胃が痛くなったり、眠れなくなったり、日常生活が崩壊してしまいます。

ですが、合わないペルソナを「私には無理だ」と感じられるなら、まだマシなのです。なかには、合わないペルソナなのに、それをなんとかこなせてしまう器用な人もいます。でも、やはり「無理は無理」なのです。うっ積したストレスはいつか爆発します。

近年よく聞く陰惨な児童犯罪事件は、凶悪な犯罪を犯した児童が「ふだんは、とてもよい子だった」などと言われ、周囲を驚かすことが少なくありません。その子供は、要するに「よい子のペルソナ」を「限度を超えて演じて」いたわけです。親や教師に、そう演じることを期待され、その期待に無理矢理応えつづけてきたわけです。

しかし、結局は、そのためのストレスが溜まりに溜まって最悪の結果を招いたというわけです。

一方、「自分にあまりにもピッタリ合いすぎているペルソナ」というものも、ある種の危険をはらんでいます。

ペルソナと人間性が同一化する恐ろしさ

ペルソナとは役割ですから、その人の人間性とは違うものです。ところがこの二つが、必要以上に似通ってしまう場合があります。

警察官という地位のペルソナを一例にあげましたが、この職業に就いている人の中には、仕事を離れたプライベートな生活の場でも厳しすぎて融通のきかない人がいます。こういった人は、家族など「裸の人間性で接する身近な人たち」を疲れさせてしまいます。

これは、ペルソナに自分の心がすっかり同一化してしまい、当人が、自分の役割と人間性を混同してしまっているわけです。つまりその人の心がペルソナだけになってしまっているのです。

「○○風を吹かす」という批判の言葉が、ありますね。「先輩風」とか「社長風」とか。

その人のペルソナがあまりに強くて、所かまわずペルソナが表に現れている。――ということです。たとえば「先輩というペルソナ」は、職場や学校という場所でのみ出すべきものであって、そこを離れたプライベートな場所でまで、出すものではないでしょう。

ですが、その人は「先輩というペルソナ」に心が同一化してしまって、いつでもそういう自分しか表せられなくなっているのです。

ペルソナは融通がきかず、固いものです。だから人は、一つのペルソナに固執せず、いくつものペルソナを持って、うまく使い分けなければなりません。**自分にピッタリだからと言って、たった一つのペルソナだけにしがみつくと、幅広い人間社会では生きられなくなります。**

でも、だからと言って「そんな面倒なペルソナなんかいらない」と訴えることは、やはり人生の逃避でしょう。人には「持たねばならないペルソナ」というものがあるのです。

大人のペルソナを拒否する人々

世間には、「大人のペルソナ」をいくつになっても拒否する人がいますね。社会的責任を担いたくない。子供のようにいつまでも好き勝手に暮らしたい。――と、そんな幻想にしがみついている人です。

ユングは、こうしたタイプの心の病を「永遠の少年」と呼びました。

こうした人たちは、「自分は特別な人間だから、大人の責任を担わなくてよいのだ」といった奇妙な考えを持ちがちです。

なかには本当に特別な人で、「大人のペルソナ」を持たなくてよい人も、たしかに存在します。そうした人は素晴らしい芸術を生み出し、「大人のペルソナ」を持たないからこそ周囲に愛されます。

しかし、その人が「大人のペルソナ」を持たないことで周囲を不幸にしているのだとしたら、やはりその態度は誤りであり、病でしょう。

この病は、こんにちの日本にますます増えているのではないでしょうか。

9 人はだれでも心に悪を持っている

シャドーとは何か？

たいていの人は、自分が嫌いではないでしょう。なぜでしょうか。それは人が、自分を「自分にとって正しいと思える人間・よいと思える人間」であるように努めているからでしょう。

たとえば、ある人にとって「だれにでも優しく思いやりを持って接すること」が正しいと思えるならば、その人は実際に、そうした生き方を目指すでしょう。

また、別の人が「勉強でも仕事でも、他人より頑張ること」を正しいと思っているのなら、その人は努力家として生きるでしょう。

いずれにしろ、このように**人は「自分にとって正しい、よいと思える生き方」をするもので、だから人は、自分で自分が好きになれます。**

す。

しかし、人の無意識の中には、その反対の性質や考え方というものがあるのです。

たとえば、だれにでも優しくてみなから愛されている人の無意識の中には、じつは「他人をいたぶろうとする残虐性」がある。

そして、努力家としてみなから尊敬されている人の無意識の中には「問題から逃げたりさぼったりしたいと願う怠惰性」がある。

ユングはこのように「人間には、当人が嫌って否定する悪が、無意識の中に存在する」ということを発見しました。**これが「シャドー」と名づけられた元型**です。

人はシャドーの存在を否定したがる

ユングは、学生時代にこんな夢を見たといいます。

その風景は、風が強い夜でした。そこでユングは、灯火が消えないように守ろうとしていました。すると、その灯火によって映し出された自分の影が、ユングを追いかけてきたのです。

自分の影が、自分を襲い、脅かす。影は自分にとって悪しきものであり、しかし自分が生み出したものなのである。――と、それが「ユングのシャドー」がたとえられた姿」だったわけです。

ですが、考えようによっては、**シャドーはある意味で、人生の「もう一つの可能性」を導く元型とも言える**でしょう。

優しい人は、もしかすると「自分の成功のために他人を平気で踏みにじっていくガムシャラで激しい人生」を歩んだかもしれない。努力家の人は「他人からどんなにバカにされても平気で、ただのんびりと生きる人生」を歩んだかもしれない。

もしシャドーの中身が、無意識内に潜む元型ではなく、その人の意識であったなら、当然人生も、そのように一八〇度違ったものになっていたはずです。

しかしそれでも、人はたいてい、そんな「シャドーの人生」を望むわけはありません。なにしろ、シャドーは「その人にとっての悪」であり、その人の意識では「好きになれないもの」「許せないもの」なのですから。

だから、**「そもそも私が嫌う、許せない、軽蔑する、そんな人間性が、私の中にあるわけないではないか」と、シャドーそのものの存在を否定したくなる人も**

多いでしょう。

シャドーは拒否でなくコントロールすべきもの

しかし**ユングに言わせれば、そうした「意識が嫌う元型」があるからこそ、人の心とは深く複雑なもので、だから人間は、さまざまな価値を見出せる、さまざまな可能性を秘めた存在なのです。**

シャドーもやはり、その存在を認めねばなりません。それは、意識が拒否するのではなくコントロールすべき元型なのです。

シャドーは夢の中では「同性の人間」にたとえられて現れることが多いのです。夢の世界で「すごく嫌なヤツ」が登場する場合がありますね。彼らはいわば、夢というドラマの中の悪役です。が、それはシャドーであり、じつはあなたの無意識の産物である場合が多いというわけです。

また、宗教の教えや昔ながらのおとぎ話には、悪魔や鬼といった「凶々《まがまが》しき悪しき存在」が登場しますね。これらは、個人を超えた全人類共通のシャドーと言えます。

シャドー(悪魔)の存在を認めよう

悪魔や鬼は「存在を許されない」とされるものです。ですが、はじめから「存在を許されない」と言うのだったら、なぜ人間は悪魔や鬼を空想し、生み出したのでしょう。それは、彼らは「シャドーをたとえた姿」なのであり、言い換えれば「はじめから人の心に存在する」ものだからです。

キリスト教では、悪魔を「絶対に許されないもの」として否定します。しかし**ユングは「悪魔とは、人がだれしも持つシャドーをたとえた姿なのだ」と説き、その存在をまず認めることを訴えました。**

人がシャドーという元型を意識するのは、辛いことですが、心の成長には必要なことなのです。だからこそユングは「シャドー(悪魔)を認めよ」と訴えたのです。

シャドーが無意識の中に潜んだままでは、いつしか危険な暴走をして、その人の心を壊すかもしれません。しかし、意識がシャドーと向き合い、シャドーの危険性や怖さを見つめることで、人は「こんなものを表に出して、暴走させてはいけない」と自覚できます。つまり、**意識によってシャドーの危険なパワーを無力化できる**のです。

優しい人が自分の隠れた残虐性を見つめることで、「この私のシャドーが表に出てしまったら、みなを悲しませるんだ」と自覚する。そうして、より深い思いやりの心を意識する。そんなふうになれば、その人はもっと優しい人となって、もっと自分にとって喜ばしい人生が得られるのです。

10 「投影」とは自分のシャドーやコンプレックスを他人に投げかけること

なぜ好きになれない人がいるのか

シャドーという元型は、なんといっても「当人にとって悪」ですから、その存在を自分の中に認めて、意識に受け入れるというのは、やはり辛い話です。そのため人はしばしば、自分のシャドーを他人に移してしまいます。

他人の中に時折、どうしても好きになれない人、なんだか気にくわない人、そんな人が現れることがありますね。

「あの人は、なぜあんなふうにオドオドしているのかしら。腹が立つわ。どうして私みたいに、堂々としていられないのかしら」

——と、たとえば、パーティ会場で見かけた見知らぬ人に、こんなふうに感じてしまう場合です。

たしかに「オドオドする態度」とは、はたから見てもあまりよいものではありません。ですが、腹の立つ本当の理由は、その相手自身にあるのではないのです。

「私は、堂々としている」と、この人は思っています。それは事実でしょう。だからこそ「それに引きかえ、あの人は！」というようにいら立っているわけです。つまり「オドオドする性質」とは「堂々としている人」のシャドーなのです。この人は、自分のシャドーを他人に投げかけて、自分のシャドーを「他人事のようにして見ている」のです。

このように、**妙に感情的に反発する他人とは、じつは「自分のシャドーを投げかけた相手」なのです。このような心の動きを「投影」と言います。**

投影とは、「意識が否定したがっている自分の心」を、他人の心のように解釈して、その相手を否定し、攻撃することです。そうすることによって「私自身には、そんな嫌な心はないのだ」と、自分で自分をごまかそうとするのです。だから、シャドーを投影してしまうことが、人にはよくあるのです。

親が子に自分のシャドーを投影する

親が子供に、自分のシャドーやコンプレックスを投影してしまう悲劇も、少なくありません。子供とは、親にとってもっとも身近で「自由に扱える他人」です。自分のシャドーやコンプレックスを、簡単に投影できるのです。「どうして、この子はこんなにだらしないのかしら！」とか「この子のワガママには、本当に腹が立つわ！」とか、ヒステリックに子供を怒る親は、決して少なくありません。

そのだらしなさもワガママも、じつは親の心の奥にあるものなのです。子供に投影して、それを「他人事のように責める」ことで、自分のシャドーの存在をごまかしているのです。子供に感じるストレスは、本当は自分の心からわいて出ているというわけです。

そして、親にそんな仕打ちを受けた子供が、いつしか心の病となったとしても、不思議ではないでしょう。激しい投影は、当人も相手も傷つけます。

派手な人が地味な人を「暗い」と毛嫌いし、地味な人が派手な人を「軽薄だ」

と軽蔑する。こうした心の対立は、互いのシャドーを互いに投影しているにすぎません。その真実に気づかなければなりません。気づくことによって、自分の心を一人前に成長させる足がかりがつかめるようになり、投影した相手に対する感情的反発も収まるでしょう（その相手が好きになるわけではありません。気にならなくなるということです）。

つまり**投影は、それが投影だと気がつきさえすれば、プラスに働くものなのです。他人に託したことによって自分の心の闇を、はっきりと見られるからです。**「これが私のシャドーか、コンプレックスか」と、それを明確に理解できるからです。

ただし、です。気づく前にその投影によって、相手を傷つけ、自分を傷つけてしまっては、元も子もありません。投影という心のメカニズムをよく理解し、いち早く自分の投影に気づかなければなりません。

コンプレックスの投影

個人的無意識の中にある「コンプレックス」を、他人に投影して、その相手を嫌ったり拒否したりする場合もあります。

コンプレックスとは「理性でコントロールできない無意識のこだわり」であり、意識が「そんなものはないほうがいいんだ!」と思っている場合が多いのです。そうしたコンプレックスもまた、投影することによって、それがあたかも他人のものであるかのようにふるまい、自分で自分をごまかすのです。

11 「自己」とは、意識と無意識が合わさって「完成した心」のこと

「自我」と「自己」はまったくの別物

「自我」そして「自己」。どちらも自分を表す言葉であり、あまり意味に違いはないと思う人が多いのではないでしょうか。

ユングは、この二つをはっきりと区別しました。**ユング心理学の究極の目的は、この二つの違いを理解することだと言ってもよいぐらいです。**

自我とは、「意識の中心」で、「私は私だ」と思える気持ちを支えるものです。

自分のまわりの世界を見たり、聞いたりする。このとき人は「ここに、この世界の様子を見て音を聞いている私がいる」と、感じられます。

そして「今ここにいる私は、昨日もちゃんといたし、明日もいるはずだ。私という人間は、過去から未来にわたって、ずっと同じ人間なんだ」と思えるでしょ

う。これが自我です。自我とは自分にとって「当たり前の自分」のことです。つまり**「いつでも自分を感じている心」が自我**なのです。

しかし、ここまで何度も述べてきたとおり、人の心とは自分で感じられる部分だけがすべてではありません。無意識の領域があるのです。

「自己」は心の全体の中心点

人の心は、意識と無意識が合わさって一つの完成したものになります。そして、その完成した心そのものを「自己」と呼ぶのです。

要するに、**「自我」は意識だけの領域を支えているにすぎないのに対して、「自己」は心のすべてを支えているというわけです。**

ですから「自己」とは、人の心に究極の安定を与えてくれるものです。**「自己」がドッシリと心の中心にあって、心の要素のすべてが「自己」と向き合っていれば、人は心の病からも不安からも解放され、本当の穏やかさを得られます。**

世間的には「成功者の人生」を送っているはずなのに、心のどこかになんとなく不安があり、本当の満足感が感じられない。いつもイライラして、他人の目が

「自我」と「自己」の違い

自我

- 私は私であるという気持ちを支える「意識の中心」
- 自分にとって当たり前の自分

自己

- 無意識と意識を合わせて完成した「心そのもの」
- 自我は意識だけを支えているが、自己は心のすべてを支えている

やたらと気になる。社会的地位や収入、世間での評判などで成果をあげ、現実世界（意識できる世界）では成功しているはずなのに、どこかに虚しさを感じている。そんな人がいますね。

そうした人は、自分の成功を必要以上に吹聴し、まわりから誉められたがります。せめて他者からの賞賛を確認することで、自分の虚しさをごまかそうとしているのでしょう。

「自己」は元型の最高位の存在

なぜ、その人は成功しても虚しいのでしょう。それは、人生の判断を「自我」だけで行ってきて、本当に「自

己」が求める生き方をしてこられなかったからではないでしょうか。

その不安とは、「自己」が「違う、違う。この生き方は『私の心全体』にとっては、本物ではない」と「自我」に向かって訴えている証なのです。

そして、**「自己」もまた、人類が共通して持っている心の要素であり、元型の一つ**です。**あらゆる元型の最上位に位置する究極の元型**です。元型ですから、意識がストレートに感じ取ることはできません。何かに「たとえられた姿」となって夢に現れます。

「自己」は形を変えて夢に現れる

たとえば、悩み（意識が解決できない問題）を抱いているとき、夢に「深い知恵を持っていて自分を導いてくれる人物」が、現れたりします。よくあるのは、仙人や神様のような雰囲気の人物です。これが「自己」のたとえられた姿です。

つまり**「自己」は、自分にとって神々しさや偉大さ、そして不思議なありがたさを感じるものの姿を借りて、夢に現れる**のです。人によっては子供の姿にたとえられる場合もあります。

また、目に見える形にたとえようとすると、「円」か「四角」の形になります。たしかに、安定や落ち着きを感じさせる図形でしょう。「自己」とは、心を「完全なる安定」に導いてくれる元型ですから、こうした図形にイメージがつながるのです。

実際に、円は、仏教思想で心の悟りを表した「マンダラ」図につながります。そして「四」という数値は、さまざまな古代宗教で重視されてきたものです。**ユングはこうした歴史的事実から、人は「自己」という元型を円や四角にたとえるものだという事実を発見**したのです。

12 自分のコンプレックスを知っておこう

「自我」はコンプレックスの影響を受けやすい

「自我」とは、意外と弱くもろいものです。「私は私だ」と、意識に向かってメッセージを送りつづける「自我」は、常に「私にこだわっている」わけですから、ある意味でコンプレックスと同じようなものです。似たものどうしはくっつきやすいわけで、**「自我」は、コンプレックスに影響を受けやすい**のです。

コンプレックスとは、前にも述べたとおり「理性でコントロールできない無意識のこだわり」です。そんなものに近づかれたら、「自我」はアタフタとあわててしまいます。「自我」にとってコンプレックスとは、怖い存在です。

「自我」の願いとは、「私は、『私が正しいと思える人間』でありたい」ということです。そこにコンプレックスがズカズカと近づいてくると、そんな「正しくあろうとしている自我」は、わりと簡単に崩されてしまうのです。

こうなると「自我」は、「あぁ、こんなふうに崩れたくなかったのに、崩れてしまった!」と嘆くしかありません。たとえば足の太さにコンプレックスを感じている女性が、どうしてもスカートを履けなくなってしまい、そんな自分を嘆くように。

「投影」も自我が行っていること

まわりの人が、だれも彼も自分の悪口を言っているような気がする。——という幻聴に悩まされる心の病があります。これもまた、「自我」がコンプレックスにつぶされた症状です。「自我」が「そんな周囲の声はないはずだ」と納得しようとしても、「自分はみなから悪口を言われる人間なのだ」といった強いコンプレックスが心に育ってしまい、「自我」を押しつぶしているのです。

じつは**「投影」という働きは、「自我」がやってしまうこと**なのです。

「自我」が、コンプレックスにつぶされる前に自分を守ろうとして、そのコンプレックスを他人に放り出し、なんとか「急場しのぎのごまかし」をしようとするわけです。「投影」は「自我の防衛手段」だとも言えます。もちろん、根本的な解決にはなっていないわけですが……。

そんな弱い「自我」ですから、不安定な状態になると、ついには「自己」に、自ら呑み込まれてしまおうとする場合があります。

人生の壁にぶつかって「こんな苦しみは、もう嫌だ……」とか「どうしたらいいのかわからなくなった……」などという気分に陥ったとき、人は苦しみから逃げるために、現実的な暮らしを捨て去り、それで「私は低俗な世界から出て、高尚な人間になった」などと言い出します。これは「自我の現実逃避」を心の中で正当化しようとしているわけです。これが**「自我が自己に呑み込まれた状態」**です。

「自己」に呑み込まれた「自我」は、もはや暮らしの中で意識を支えるという本来の役割を放棄してしまいます。

「自我肥大」が「勘違い」を呼ぶ

そうなると、自分が偉大で特別な人間であるかのような気分になってしまい、一般の人々（自我によって自分の現実をきちんと過ごしている人々）より自分は立派な人間になったような気分になります。言ってみれば「悟りを開いたかのような幻覚」に、心を支配されてしまうのです。

この状況を**「自我肥大」**と呼びます。**自我肥大に陥った人間は傲慢になり、自分の「現実の能力」に目が向けられなくなります。**自分だけが何でもわかっている万能者であるかのような錯覚に陥り、周囲の人々を「俗世に汚れている」とか「浅はかだ」などと軽蔑するのです。

まわりの人々にこれほど不快感を与える態度はありません。自我肥大は、当人も周囲も、大きな不幸におとしいれるものです。

さらには、自我肥大の心とは「自我＝理性」を自ら捨ててしまった状態ですから、「生き物としてのまともな判断」さえできなくなることもあります。生命を尊ぶことさえ、忘れてしまうのです。

こうなるともう、周囲に及ぼす迷惑は「不愉快な気分」どころではすまなくなります。

たとえば、新興宗教を装った詐欺《さぎ》とも言える集団は、人々をそうした自我肥大に誘い込むわけです。真の宗教は、「自己」の偉大さを説いて教えてくれはしますが、「だから『自我』を捨ててもよい」などとは決して言わないものです。

ユングは、「自我は積極的に自己と協力しなければならない」と強く訴えました。つまり**「自我」が、「自己」と対等に向き合い補い合うように努めなければ、本当の「完成した心」にはなれないのだ。**――と、訴えたのです。そして、そのためには「自我」は強くならなければいけない、と。

「私は私だ」という気持ちを、強い理性と自信によって支えなければならない、ということです。

13 「個性化」とは、自我と自己が認め合って一つになること

心は目的を持って存在する

結局のところ、「自己」とは何でしょうか。

ユングは「心とは、ただ存在するのではない。何か目的を持って存在するのだ」と、訴えています。したがって「自己とは何か」の問いかけは、「自己とは何のためにあるのか」というように言い換えられます。

何のために生きるのでしょうか。この人類永遠の、そして最大の問題に対する解答。それが「自己」だと、ユングは答えます。

「自己」とは、だれの無意識の奥深くにもあるもので、それを認識することが、人の生きる目的なのだ。――と、ユングは説明しました。つまり、**意識と無意識のすべてを感じ取って「あぁ、これが私の心なんだ」と実感できたとき、それが**

人にとって、もっとも充実した幸福になる。――と。

人が目指す幸福。それには、まず「物質的な充足感」、すなわち「財産をたくさん持って、贅沢に暮らす喜び」というのがあります。さらには「感情的な充足感」、すなわち「愛情を感じ合える人と、心身ともに触れ合って生きる喜び」があるでしょう。同胞、仲間、親兄弟、そして愛する人と……。

ですが、そうした充足感を超えた幸福感というものが存在することもまた、人は知っています。

それはたとえば、大自然の中で太陽が昇る瞬間にひとり立ったとき、胸にこみ上げてくる、思わず叫び出したくなるような感動です。

そんな神々しい美しさに接したとき、人は、損得や人間関係のしがらみなど忘れて、不思議な、そして大きな喜びに包まれます。こうした喜びを生み出すのが「自己」なのです。

感動は「自己」が生み出すもの

この喜びは、決して「日の出がくれたもの」ではありません。日の出は、ただの自然現象にすぎません。その**「ただの自然現象」**から**「大きな感動」**を導き出**すのが「自己」**なのです。

人は古来、この喜びを「神様を感じた」というように表現してきました。この喜びは、宗教の違いなどを超えたものです。特定の宗教の信者であるかどうかなど、まったく関係ありません。だから**ユングは「神様はいる」と、揺るぎない自信を持って主張できた**のです。

ユングの説く「個性化」とは?

そんな素晴らしい力を持つ「自己」を「自分はたしかに持っている」と理解し、実感できたなら、これは、人として最高の喜びにつながります。だから、それが人が生きる究極の目的になるのだ。——と、ユングは説いているわけです。

そして「自己」の存在を「実感する」のは「自我」です。それは、「自我」と「自己」が向き合い認め合って一つになることを意味します。**こうした動きを、ユングは「個性化」と呼びました。**

個性。それは、しっかりとつかむことのできた自分の心の全部まるごと——というものです。

そして、**さまざまな心の病とは、個性化への道を登るために越えなければならない障害なのです**。心の病を癒して治すことは、個性化に直接つながる大切なことです。

個性化を目指す。そのためには、いつでも自分を謙虚に見つめることです。自分が正しいと思い込んでいることの正体は、何か。自分が嫌っているものの正体は、何か。さまざまなコンプレックス、元型、シャドー、自我の偏った判断……。そんな自分の心にあるものを、理解しようと努めることです。

その先に「自分にとっての本当の心の満足」が、見えてきます。「自己」が見えてきます。

ユングは、個性化の道を歩む時期として、人生の後半生（中年時代以降）を、とても重視しました。

人は中年にさしかかるまでは、現実世界とのつながりだけを求めてガムシャラ・に生きるものです。つまり「意識だけの世界」で、「自我」だけをフル活動させて、ひたすらに生きるのです。

しかし、社会的地位や自分の仕事、自分の現実の将来像がある程度かたまって落ち着いてきた頃、人はハタと、人生の意味を考えるようになります。それが中年期です。

ユングは、こうした時期を「中年期の危機」と呼びました。ここで個性化の道に気づかないと、人生を「無駄なもの」と思い込んで、自分で自分をダメにしてしまうからです。

個性化は、人生の後半にこそ歩むべき道なのです。人生の本当の喜びは、人生の後半にこそあるのです。

ユングの物語3

「ユングとナチス」

一九三三年、世界の歴史にとって大きな悲劇が起こります。ヒトラーがドイツ首相となり、ドイツ政権を手中に収めたのです。ユング、五八歳の年でした。

これ以降、ヨーロッパには、ナチスによるユダヤ人迫害という凶行の嵐が吹き荒れます。そしてユングもまた、この歴史の惨劇に巻き込まれます。この時期のユングは、「錬金術」研究を進めるなど輝かしい学問的成果をあげていた頃で、心理学会での地位も不動のものでした。彼は「国際精神療法学会」の名誉副会長を務めていました。

ユングは、ヒトラーとナチス、そしてナチスを熱狂的に支持する当時のドイツ国民が、明らかに心の健康を損なった集団的な精神病の状態にあることを見抜いていました。そして、その危険を十分に察知していたのです。

ナチスは当然のように、国際精神療法学会にも圧力をかけてきました。一九三三年六月、当時会長だったエルンスト・クレッチマーは、ナチスの圧力に抗議するため会長職を辞任してしまいました。

学会の人々はユングに、次の会長になってほしいと頼みました。名誉副会長であるユングは、活動の第一線からは退いている立場です。しかし学会のメンバーたちは「ユングならばナチスに屈することなく学問の自由を守ってくれる」と期待し、ユングに、ナチス抵抗の旗印になってくれるよう願ったのです。

ユングもまた、それが自分の使命だと考えました。彼は請われるまま会長職に就くと、素早い行動に出ました。

学会の規約を修正し、世界各国に支部を設けたのです。つまり、学会を国際的な組織に組み替えて、各国の支部に独立性を持たせたわけです。こうして、ナチスが学会全体の支配権を容易に握れないようにしたのです。さらにはメンバーが、国籍に関係なく個人の立場で学会に加盟できるようにしました。ドイツから迫害を受けているユダヤ人の研究者たちを、ドイツ以外の支部のメンバーとして受け入れるためです。

一九三四年、こうした規約の修正をなんとか成功させたユングは、学会の「政治と信条についての中立」を宣言します。しかしこの宣言は、現実には大きな効力を生み出せませんでした。ナチスは、こうしたユングの素早い対応にくやしがってはいましたが、ただ黙って見ているわけではありませんでした。

学会のドイツ支部は、ユングの意に反して完全にナチスの支配下となっていました。ユングの会長就任の三カ月後にドイツ支部長に就いたM・H・ゲーリングは、あのナチスのヘルマン・ゲーリング元帥のいとこだったのです。ユングとドイツ支部との戦いは、この時期まさに一進一退のせめぎ合いだったと言えます。決して若くないユングにとって、この戦いは心身ともに激しい消耗を強《し》いられる、本当に苦しい毎日だったことでしょう。

ドイツ支部は、会長であるユングを無視して、ナチスに忠誠を誓う「宣誓」を学会の『中央誌』（一九三三年一二月号）に掲載してしまいます。『中央誌』は、表向きは会長であるユングの編集責任ということになっています。このため、雑誌を手にした人々は「ユングはナチスに加担した」と誤解し、ユングを非難したのです。

ドイツ支部はどこまでも、自らのナチス擁護《ようご》を「国際精神療法学会の公式活動」として推し進めます。となれば世間は、会長であるユングが「それを公認している」と解釈するわけです。彼の故国スイスでも、激しいユング・バッシングが展開されました。ユングは誤解を解くために、新聞紙上で事情を説明するなどたいへんな苦労をしています。

ナチス勢力の拡大はユングひとりで抗するべくもなく、一九三六年にはゲーリングが『中央誌』の共同編集責任者となりました。学会に対するナチスの統制は、ますます露骨になります。それでもユングは故国のスイス支部と協力して、積極的に会誌に、ユダヤ人研究者の論文を掲載したりユダヤ人の著書を紹介したりしました。ユダヤ人への不当な差別を、なんとか自分のできる範囲内だけでも、ぬぐい去りたかったのです。

ドイツと同盟関係にあった日本の学会支部も、ナチスと共同歩調をとる活動を進めていました。こうしてじわじわとナチス勢力に迫られていったユングは、ついに会長職を退きます。一九三九年のことです。

ナチスの統制を押しとどめられず、ユングにしてみれば、刀折れ矢尽きた状態だったのです。翌年にはゲーリングが会長に就き、学会の本部はドイツのベルリンに移されました。ユングの著書は、ドイツで発禁処分となりました。

こうした実情にもかかわらず「ユングはナチスの協力者であり、反ユダヤ主義者である」といった評判は、第二次大戦中から戦後にかけて、ヨーロッパでは少なからず流布していました。戦前にはユングの友人だったユダヤ人たちも、こうした世間の誤解からユングを非難する者が現れていました。

ユングは戦後、彼らのもとを自ら訪れ、こうした誤解を解いていきました。

ユングの誠実な対応が功を奏して、ユダヤ人の友人たちとの友情は修復されていきました。しかし、世間一般の誤解は戦後も長く尾を引いたのです。

ユングは、ユダヤ人の友人に「私はしくじりました」と述べ、頭を下げたと言います。彼にとってナチスとの孤独な戦いは、大きな犠牲を払う、辛い辛い日々だったのです。

PART 4

ユングと「オカルト」の世界

ユングは、霊、UFO、占いなどを
どのようにとらえていたのだろう？

1 ユングはどのようにオカルトと出合ったのだろう？

ユングはオカルトを認めていた

ユング心理学には、オカルト的な性質があります。

幽霊、生霊、占い、神の啓示、そしてＵＦＯ……。**ユングは、こうしたオカルト的なものを「たしかにある、この世の事実」として受け止めるのです。**

無論これらのことは、自然科学（物理学や化学）的には存在の証明ができていません。そして「存在の証明ができないのだから、それらがあると認めることはできない」とするのが、自然科学の立場です。

ですが、ユングは「自然科学的に証明はできなくとも、それはある」と言います。なぜなら「人の心が、それらを感じ取れるから」です。

これはどういうことでしょうか。

オカルトとユング

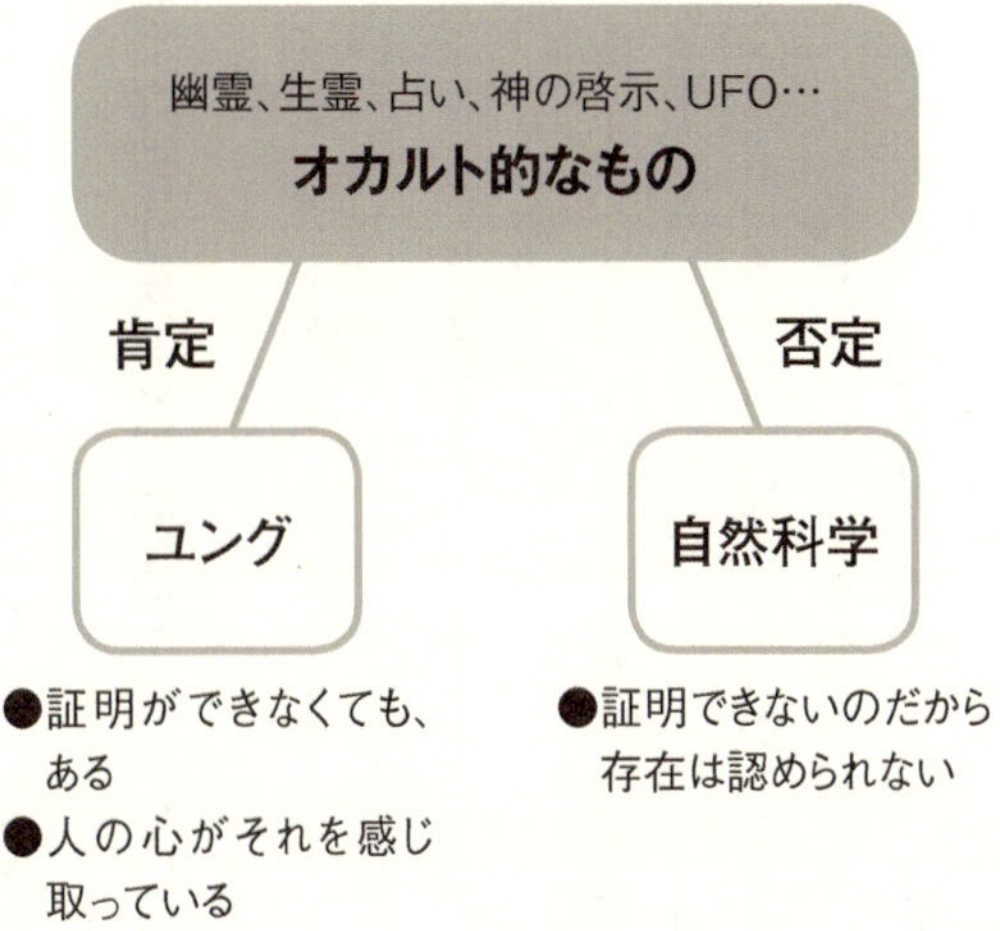
幽霊、生霊、占い、神の啓示、UFO…
オカルト的なもの
肯定
否定
ユング
自然科学
●証明ができなくても、ある
●人の心がそれを感じ取っている
●証明できないのだから存在は認められない

たとえば「幽霊を見た」という出来事が起こったとしましょう。

自然科学的認識では幽霊は証明できない存在ですから、幽霊は「本来いないもの」とされます。となれば、その出来事は「ただの錯覚」にすぎない。――というように片づけられてしまいます。

しかしユングは「見たのだから、いる」と認めるのです。そうしたうえで、幽霊が現れた意味を探究します。

人が見た、感じた。だからそれは存在する。――このように

ユングは、物理的な証明などより「人の心のパワー」を、より確かで偉大なものと認めるのです。これがユング心理学の根幹です。

ユングはキリスト教と距離を置いていた

ところで、ユングはスイスの生まれです。スイスは、キリスト教文化圏です。それどころか、ユングはスイス福音《ふくいん》改革派教会（プロテスタント）の牧師のひとり息子として生まれました。また、彼には八人もの牧師のおじがいました。母方の祖父も牧師でした。

つまり彼は、まさにキリスト教信仰の中で育った男だったのです。

この事実から、読者の中には「ユングはキリスト教の信仰が厚いから、さまざまなオカルト現象を素直に認めるのか」と考える人がいるでしょう。しかし、それはキリスト教をよく知らない人の勘違いです。

キリスト教、ことにプロテスタントは、きわめて合理的にして物理的に現実をとらえます。神への信仰はとても厚いのですが、だからと言って「神の奇跡によって、人智を超えた超自然現象が現れる」などとは考えません。

キリスト教はオカルト現象を認めない!?

たとえば、人間の身体は病気になったら神に祈るだけでは治らない。医学によって「身体を修復」しなければならない。――と、こう考えるのがプロテスタントです。だからこそ、アメリカやヨーロッパといったキリスト教文化圏で、あらゆる医学が発達したのです。

　となれば、もうお気づきでしょう。ユングのオカルト現象に対する肯定的な姿勢は、決してキリスト教的なものではありません。むしろある意味で、「キリスト教批判」とさえ評せられるのです。キリスト教（プロテスタント）的に現実をとらえるならば、オカルト現象はむしろ「あり得ない」と否定するようなことなのですから。

そしてまた、キリスト教は歴史的に、現代日本人がにわかには信じられないぐらい排他的で、ほかの宗教を認めてきませんでした。ほかの宗教に対しては、これを激しく攻め、つぶそうとしてきました。

キリスト教以外の宗教とオカルトの関係

キリスト教が他宗教をつぶそうとしたもっとも典型的な歴史的事実が、中世時代の十字軍遠征だったでしょう。

その実態は、アラブ・イスラム教文化圏に対するヨーロッパ・キリスト教勢力の侵略ですが、この時代の十字軍は「神の名のもとに」ありとあらゆる残虐な行為を、イスラム教徒であるアラブ人に行いました。

十字軍が、アラブ人が宝石を飲み込んでいると思ってその腹を切り裂くなどということは、遠征時代の日常茶飯事でした。十字軍にとって、「キリスト教徒ではない者」などに同情や哀れみをかける必要は、カケラもなかったのです。

もちろん、現代のキリスト教にはそこまでひどい排他性はありません。こんにちでは、イスラムに限らず世界のあらゆる宗教との共存をはかっています。しかしその歴史をふりかえれば、古代から中世にかけて、キリスト教がほかのあらゆる宗教をつぶしてきたのは事実です。

そして、こんにちのオカルト的な事柄は、じつは、そうした古代から中世にかけての「キリスト教ではない宗教」に関わるものが多いのです。

滅びさった古代の宗教の儀式や神話が、形を変えて現代に伝わったものが、「オカルト」として怪しまれていたりするわけです。

つまり、ユングが受け入れたさまざまなオカルト現象とは、「過去においてキリスト教がつぶしてきたさまざまな別の宗教的事象」であると言ってもよいでしょう。ユングは、歴史をさかのぼって反キリスト教的な事象を見つめ、そこに人の心のパワーを発見したのです。

言い換えれば、**ユングは現代キリスト教の批判のうえに「人間の心の真実を発見するきっかけ」を、見出したのです。**

「信ずると信ぜざるとにかかわらず、神は実在する」

この言葉は、ユングが自宅の玄関に彫り込んだものでした。そして、この言葉についてユングは、こんな説明を残しています。

「それはキリスト教の神ではないにしても、神そのものへ向かうものであり、この道の発見こそが究極の問題なのです」と。

2 ユングはキリスト教を信じきれなかった

神はなぜ悪をつくったのか？

ユングは、彼の生きた時代にあった「二〇世紀のキリスト教」を怪しんでいました。子供の頃からそこに大きな矛盾を、発見していたのです。

その矛盾とは、きわめて単純な話です。

神は全能である。――と、キリスト教では教えます。この世のすべては神の意思によってつくられたのだ、と。

ではなぜ、この世には「悪」があるのでしょう。

憎しみや怨みの心。他者を傷つける残虐さ。自分の欲望のためなら他人を平気で殺しさえする人の心。そんな「人の心に潜む悪魔」が、なぜこの世に存在するのでしょう。

この世が神の意思による創造物ならば、人々を苦しめる「悪」の存在も、神がわざとつくったことになります。神が、人々を苦しめるために悪魔を生んだことになります。神がなぜそんな仕打ちを人間にしたのでしょう。

ここで、その矛盾を否定しようとして「いや、神が悪魔をわざとおつくりになるなんて、そんなはずはない」と反論するのなら、では悪魔は、神の意思とは関係なくこの世に現れたことになります。

となれば、神は「自分の手に負えない悪魔の出現を止められなかった」という点において、全能ではないことになってしまいます。さらに大きな矛盾が発生するのです。

この問題は、はるか古代から議論されてきた神学論争の基本的な内容でした。しかしキリスト教は、この矛盾と疑問に対して、あえてはっきりと答えないことで、自らの教えを守ってきたと言ってよいでしょう。あやふやなままにすることで、人々の信仰心が破綻《はたん》する事態を避け、そうすることによって、キリスト教徒はみなが心に平穏を得られつづけてきたのです。

幼少のユングは神を疑った

ところがユングの場合は、違っていたのです。

牧師の子であるユングは幼い頃、墓地の埋葬を何度も見てきました。神の名のもとに、亡くなった人々が土の中に埋められ、文字どおり「闇に葬《ほうむ》られていく」姿を、まぶたに焼きつけてきたのです。そうした体験は、ユングに「神とは怖いものなんだ」というイメージを植えつけたのです。

「神とは、人間をつかまえ、穴の中に引きずり込んでいくものなんだ。そんなもの、信用できない」と。

ユングは、それでも「神を疑う自分の心」に恐ろしさを感じていました。牧師の子として育ち、「神は慈悲深くてお優しいのだよ」といつも言葉で聞かされてきたユングにとって、「神を信じられないこと」は、とても深い罪だと感じていたのです。

そこで彼は、父親に相談し、自分の疑問をぶつけました。父から納得できる説明を聞かされて、神を信じられるようになれればよいと、ユングは思っていたのでしょう。

父に大きく失望したユング

こうしたユングの「キリスト教に対する疑い」は、まさに彼の実体験からわき出たものです。これを否定して「ユングよ、神を疑うなんて間違っているよ」などと形ばかりの言葉で諭されても、そうそう納得できるものではありません。

ユングの父親という人は、真面目な牧師ではありました。ですが、ただキリスト教の教えをオウムのように繰り返して述べるだけで、自分なりの信念などは、持ち合わせていない人だったのです。

要するに、職業として牧師の仕事を機械のように毎日こなしているだけの人でした。

そんな人物の説明が、ユングの心に響くわけもありません。「とにかく神は信じなければならないことになっているのだ」と、そんな答えしかできない父に、ユングは「父は、神を本当に『体験』したことがない」と見抜いてしまいました。

こうしてユングは、父に失望し、哀れみさえ感じるようになってしまいます。この父は、ユングが二〇歳のときに亡くなりますが、いずれにせよ**ユングは、自らの力で「神に疑問を抱く自分の不安」を解決しなければならないと、決心したわけです。**

ユングの見た白昼夢

さて、ユングが一二歳のとき、彼はこの不安を自力で解決します。

ある晴れた夏の日、ユングは立派な大聖堂を仰《あお》ぎ見ていました。美しい青空にそびえる大聖堂の塔は、陽の光を浴びてまばゆく輝いていました。

「なんて美しいのだろう。こんな美しいものをおつくりになった神は、はるか彼方の天から世界を包んでくださっている」と、ユングは感じました。

そのとき、ユングにあるイメージが広がりました。いわゆる白昼夢です。

はるか高い天にある玉座に座っている神が、とてつもなく多くの大便をして、それを地上に落とし、大聖堂の屋根が大便まみれになって粉々に砕け散っていく。――と、そんなイメージを感じたのです。

「いったい何なのだ、この光景は！」

ユングは自ら見たイメージに驚き、その意味について悩みました。そして、ついに結論を導くことができたのでした。

3 あらゆる不可思議を受け入れるようになったユング

ユングが夢で見たおぞましい神の姿

大聖堂を大便で粉々に砕く神。

ユングが「見た」神の姿は、あまりにもひどく、おぞましい行為を示した恐ろしい存在でした。

もしも、ごくふつうの信仰厚いキリスト教徒（プロテスタント）がこんなイメージを感じてしまったら、そのイメージを抱いた自分に、とてつもない罪深さを感じるでしょう。つまり、「神とは清らかで優しく美しいものに決まっている。なのに、そうした神の姿に反するイメージを見てしまったのは、自分の心が悪魔に毒されているからだ」というように考えるわけです。

しかし、ユングは違いました。彼もまたたしかに、神が清らかで優しい存在だと思おうとしていました。

その一方で、神は恐ろしく酷《ひど》い面もあるはずだ、とも思っていました。だから彼は、自分が見たイメージが、自分の心の勝手なデッチ上げではなく、たしかに「神が自分に示した神の姿の一面」なのだと確信できたのです。

ならばなぜ、神はそんなエゲツない姿を、私にわざわざ見せたのだろう。ユングはそこで、ハタと気づいたのです。

神は、私に「勇気を出せ」と言ってくれているのだ。――と。

神の持つ闇の姿とは？

つまり、神自身が「神とは恐ろしい面や酷い面も持っているのだ」と認めたうえで、「ユングよ。おまえは、そうした神の『闇の部分』に気づくことのできた人間なのだから、その真実から逃げることなく、堂々とその真実を受け入れろ。そうして『闇も持つ神の本当の姿』と、これから付き合っていけ」と、そんなメッセージを込めて、あのイメージを神が見せてくれたのだ。――と、そんなふうに解釈したのです。

ユングに言わせると、あのおぞましいイメージは、神の励ましであり「恩寵《おんちょう》」だったのです。ユングは晩年、このときの思いをふり返って「神への感謝と幸福感で、私は泣いた」と述べています。

このようにして、清らかな面だけが強調されるキリスト教的な神の虚像から自力で抜け出したユングは、ありとあらゆる不可思議なこと、未知の恐怖を、スンナリと受け入れられる心になれたのです。

すなわち、**ユングは、それらオカルト的な現象を「キリスト教の神の意に反する誤った事実」などと思わずにすんだわけです。**キリスト教がつぶしてきた過去の他宗教に対しても、偏見なく見る姿勢を築くことができたのです（キリスト教が合理的・科学的であるのは、非合理的・非科学的な現象を「神の意思に反すること」として切り捨ててきたからです）。

こうしてユング心理学のオカルト性の下地はできあがった、と言えるでしょう。

ユングと神

ユングの見た神は
おぞましい行為をした恐ろしい存在

↓

信仰深い信者
このような神を見てしまったのは、
自分の心が悪魔に毒されているから
だと解釈する

ユング
自分の心のデッチ上げではなく、
たしかに神が自分に示した
神の姿の一面なのだと解釈した

↓

神は恐ろしい一面を持っている。
この真実を受け入れ、本当の神の姿と付
き合っていくよう示されたのだと理解した

↓ さらにユングは…

この世のあらゆる不可思議なこと、未知の恐怖を
そのまま受け入れることができるようになった

霊能力者だったユングの母方の祖父

ところで、牧師であったユングの母方の祖父は、じつは優れた霊能力者（霊媒師）でもあったと伝わっています。

ユングの祖母はこの祖父の再婚相手でした。そして祖父は、祖母と再婚した後も、亡くなった一人めの妻の霊と、毎週のように交信していたといいます。そんなときユングの祖母は、娘（つまりユングの母）といっしょに、祖父が前妻の霊と語り合う様子をいつも聞いていたそうです。

そうした出来事を日々聞かされていたユングにとっては、人が霊と触れ合うことは決して非現実的な事件ではありませんでした。

この世界には、神も霊も実在する。そして、彼らの存在を感じ取ることのできるのが、まさに人の心のパワーなのだ。――と、ユングは考えるのです。

ユングの家系

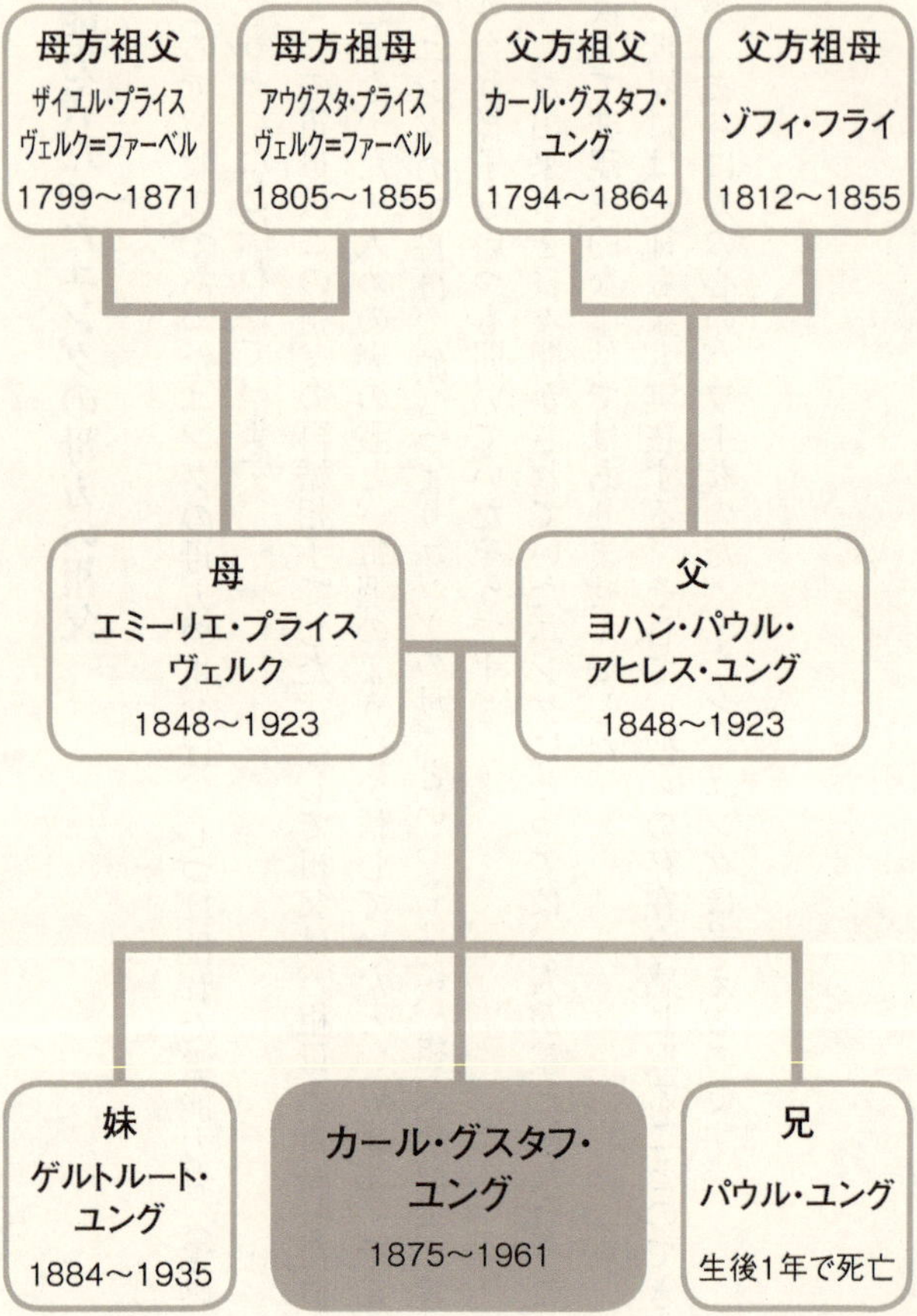
母方祖父
ザイユル・プライス
ヴェルク=ファーベル
1799～1871
母方祖母
アウグスタ・プライス
ヴェルク=ファーベル
1805～1855
父方祖父
カール・グスタフ・
ユング
1794～1864
父方祖母
ゾフィ・フライ
1812～1855
母
エミーリエ・プライス
ヴェルク
1848～1923
父
ヨハン・パウル・
アヒレス・ユング
1848～1923
妹
ゲルトルート・
ユング
1884～1935
カール・グスタフ・
ユング
1875～1961
兄
パウル・ユング
生後1年で死亡

4 さまざまなオカルト体験からユングが導き出したこと

オカルト現象は人の心と関係する

ユング心理学のオカルト現象に対する考え方を一言で表すと、「それらは、人の心のエネルギーによって、姿形や状況を示す」ということでしょう。

つまり**「人の心とは無関係に、単独でオカルト現象が起きること」は、ユングによれば、あり得ない**のです。たとえば、だれもいない、だれも気づかない場所に霊がふっと現れるということはありません。霊は、それを感じる人がいて初めて「存在した」と言えるのです。こうしたオカルト現象を、ユング自身も何度か体験しています。

ユングは大学時代に、霊の研究をする仲間の「降霊会《こうれいかい》」に二年間以上、参加しています。じつはこの会に参加する前、彼の身の回りで奇妙な出来事が、起こっていたのです。

ある日のこと、ユングが母親といっしょに家にいたとき、突然に、拳銃が発砲されたような「バーン！」という激しい爆音が聞こえたのです。何かと思ってユングが音のしたほうを見ると、なんと固いオーク材のテーブルが真っ二つに割れていました。

さらに、二週間ほどしたのち、今度は食器棚のほうから激しい音が響き、鋼鉄製のパン切り包丁がこっぱみじんになっていたのです。

ユングと母は、これら怪現象に対して「今は意味がわからないが、何かの暗示だろう」と冷静に受けとめました。霊的な存在を日常的に受け入れていたユング母子にとっては、そんな現象も「理由があれば、起こってもおかしくないこと」だったのです。

恋心が不思議な出来事を起こした⁉

ユングはこの怪現象に出合ってからまもなく、降霊会に参加します。その会で霊媒師として幽霊を呼び出す役をしていたのは、ユングのいとこでした。当時一五歳の少女で、ヘレーネという名です。

彼女は催眠状態になると、まったく別の人間が乗り移ったかのようになるのです。ふだんは恥ずかしがり屋で無作法なヘレーネが、似ても似つかない威厳と教養のある立派な成人女性の態度に変わる。これはどう見ても、「彼女ではない別人の霊」が乗り移ったかのようでした。

じつは、ユング当人はこの時期気づいていなかったのですが、ヘレーネはひそかにユングに恋していたようです。のちにそのことに気づいたユングは、ハタと理解したわけです。

「あのときの怪現象は、ヘレーネの私に対する気持ちが届いて、起こったことだったのだ」と。

ヘレーネの家からユングの家までは四キロほどの距離がありました。ヘレーネのユングに対する恋心は、その距離を飛んで、ユングの家に大きなエネルギー、つまり「テーブルや包丁を物理的に破壊するエネルギー」を送ったというわけです。

ユングは、この降霊会の記録を大学の卒業論文としてまとめました。ユングの結論は、ヘレーネに乗り移った霊とは「ヘレーネとはまったく別の霊」ではなく、ヘレーネの無意識がつくり出した「ふだんとは別の人格」ということでした。

これは「彼女が偽りを演じていた」ということではありません。**当人も意識できない無意識が、人格として形になって外に現れた**ということです。

この大学時代の降霊会体験は、したがって「幽霊との出合い」と言うより、「生霊との出合い」だったと言うべきでしょう。ヘレーネの無意識の心のパワーが、ユングの家のテーブルや包丁を壊した。彼女の無意識が生霊となって、ユングの家にやってきた。さらに、その生霊は、ヘレーネとは別人の人格として、この世に現れた。――と、いうわけです。

フロイトの書棚事件とは？

また、ユング当人がヘレーネのように、自らの心のパワーによってオカルト現象を引き起こしたこともあります。これは、「フロイトの書棚事件」などと呼ばれている事件です。

一九〇九年のことです。フロイトの家を訪れたユングは、話し合いの中でフロイトが、いわゆるオカルト現象に否定的・批判的で、激しい敵意さえ示す態度に、内心ひどくいら立っていました。

するとユングは、横隔膜《おうかくまく》がしだいに熱くなってきて、と思う間もなく「バーン！」と激しい音が、鳴り響いたのです。その音は書棚のほうから聞こえてきたので、フロイトもユング自身も書棚が倒れたのかとビックリしました。

しかし、書棚は倒れていません。ユングはすぐに、その音の現象が「自分の心のエネルギー」によって引き起こされたのだと確信しました。**いわゆる心の「外在化」です**。ですが、そう説明しても、もちろんフロイトは信用しません。「バカバカしい」と一笑にふそうとするばかりです。そこでユングは、自信を持ってこう述べたのです。

「その証拠に、同じ現象がもう一度起こると予言しましょう」

そして本当に起こったのです。「バーン！」と激しい音が、書棚から響いてきたのです。

フロイトは、自らの合理的な解釈ではこの現象を説明しきれないので、愕然《がくぜん》とします。しかしユングにとっては、十分に納得できる現象だったのです。

ユングの心の奥底にあるフロイトへの批判。その批判のエネルギーが、「フロイトの知性や論理」を支える書棚・書物に対して働きかけた結果、この現象が引き起こされたのだ、と。

人の心とは、現実世界に直接働きかけるエネルギーを持っていることを、ユングは示したのでした。

5 ユングは幽霊の存在を認めていた

幽霊の一団と出合ったユング

幽霊とは何でしょう。

それは、人の心のエネルギーが肉体から離れて、肉体を持たないままこの世に現れた存在――と、ユング心理学によれば、そんなふうに説明できるでしょう。

それでは、我々がごく一般的に定義している幽霊、すなわち「死者の魂がこの世に現れた存在」を、ユングは認めているのでしょうか。

じつは**ユングは、中年時代に「幽霊と出合った」と、はっきり述べています。**

次のような事件です。

一九一六年、ユング四一歳の年のことでした。

この頃のユングは人生の岐路に立たされており、公私ともにさまざまな問題を抱えて悩んでいた時期でした。そんなある日、玄関のベルが激しく鳴って、何者かの集団がドヤドヤと家の中に入ってきたのです。それは、正体不明の幽霊の一団でした。

ユングは「このとき家の中の空気が、たしかに濃くなっていた」と、のちに語っています。彼はワナワナと震えながら「いったい全体、これは何事だ⁉」と幽霊たちに訊ねたそうです。すると幽霊たちは声をそろえ、大合唱してこう答えたのです。

「我々は、エルサレムから戻ってきた。あそこには、我々が探していたものがなかったのだ」と。

ユングは、この出来事について書物にまとめ始め、三日間かけて書き上げると、その幽霊の集団は立ち去ったといいます。この書物は『死者への七つの語らい』というタイトルがつけられています。

幽霊はユングの無意識がつくり出したものだった

この幽霊の集団は、ユングの見たマボロシだったのでしょうか。そうとは言いきれません。彼らは確かに「いた」のです。なにしろユングの家族たちも、その存在を感じていました。娘は幽霊を目撃し、息子は夢の中に幽霊が現れたといいます。家の中に「何かがいる」という感じは、ユングひとりのものではなかったのです。

それでは、彼ら「エルサレムから戻った幽霊たち」の正体は、我々が一般的に考える「死者たち」だったのでしょうか。じつは、そうとも言えるし、そうでないとも言えます。

彼らはやはり、ユングの無意識が「つくり出した」存在だったのでしょう。強い無意識のパワーは、実際に姿を現し、現実世界に物理的な何かの働きかけができるものです。すなわち、ユングの無意識のパワーが、幽霊の集団となって姿を現したと言えます。

勘違いしてはいけません。これはユングの「空想の産物」ではないのです。空想とは、「意識が生み出すもの」です。当人に「これは私が空想したものだ」と自覚できるものです。ですが「無意識の産物」は、それを当人が「自分の生み出したもの」と自覚することはできません。

そういう意味において、**彼らはユングの意識から独立した、ユングにとっての**

「他者」なのです。

「エルサレムから戻った幽霊たち」の正体

ここまでの説明では、こんな疑問を持つ人もいるでしょう。「なるほど、それはわかった。しかし、ならば結局は『エルサレムから戻った幽霊たち』とは、ユングの心から出てきたものなのだから、ユングではない別の人々、すなわち死者たちとは関係ないではないか。死者の心が姿を現したものとは言えないではないか」と。

ところが、ユング心理学では、その疑問にこう答えるのです。「いや。それでも、あの幽霊たちは死者たちなのだよ」と。

ユングによれば、この幽霊たちはユングの心の中の「普遍的無意識」が姿を示したものなのです。

全人類共通の普遍的無意識は、言い換えるならば「過去の多くの死者たちの心が、一人ひとりの心の中にしまい込まれている」ものです。ですから、「エルサレムから戻った幽霊たち」とは、ユングの心の中の「ユング個人の人生を超えた全人類の無意識」が、ユングの人生の危機に現れてくれて、ユングに道を示してくれたのだと言えるでしょう。

この意味において、やはり彼らは「死者たちの幽霊」だったわけです。

6 ユングは「易」に関心を持っていた

ユングが占いに興味を持った理由

こんにちになっても、街中で見かけますね。長い串のようなものを束ねてジャラジャラと両手で揉《も》むようにして占いをする、昔ながらのオーソドックスな占い師さん。いわゆる「易《えき》」です。

あの「串のジャラジャラ占い」を、ユングも真剣にやっていました。

ちなみに、あの串は正しくは「筮《めどき》」といいます。メドハギという植物の茎を五〇本まとめたものです。のちに、竹を細長く削った四〇センチほどの棒を使うようにもなり、そのために「筮竹《ぜいちく》」とも呼ばれるようになりました。

この筮竹を使う占い「易」は、古代中国で生まれ日本に伝わったもので、東洋独特の占いです。

ユングが「易」に関心を持ったのは、四五歳のときです。

この年（一九二〇年）、ユングは北アフリカなどを旅行しました。この旅行は「キリスト教文化圏であるヨーロッパを、初めて外から見た」体験でした。ユングは、この旅を通じてキリスト教からの解放を実体験したのであり、そうした中で彼は、東洋・中国の思想や宗教にも強い関心を持ったのです。

東洋の知恵に関心を示したユング

易を学んだユングには、それがたしかにこの世の真実を知る方法であり、素晴らしい東洋の知恵の結晶だと思えました。

彼は易学の本を頼りに、実際に自分の予定している仕事が「吉と出るか凶と出るか」を占って、その結果をいろいろと参考にしました。住まいのそばの川原で葦の茎を切って、それを筮竹として使い、何時間も易占いをしたといいます。

さらには、患者の治療にも易占いを使いました。たとえば、結婚をためらっている男性患者の結婚後の未来を占い、凶と出たので結婚に反対したといいます。他人の人生の岐路にまで、易の結果でアドバイスしたというのですから、ユングがいかに、易の意義を高く認めていたかがわかります。

ユングは、なぜそれほどまでに易占いを受け入れたのでしょうか。

そもそも占いとは、どんなものでしょう。それは、自然科学的に関係のない事柄どうしに、何かの関係を見出すということです。

たとえば、占いに使った茶碗が割れた。したがって「その茶碗の持ち主は不幸になります」と、占いが示したとしましょう。しかし「茶碗が割れたという事実」と「人が不幸になるという事実」に、自然科学的な関係はありません。

ですが、占いでは「関係ある」と断定するのです。これは、一つの宇宙観・世界観です。

つまり「この世のさまざまな出来事どうしは、自然科学では説明しきれない関係を持っている」という前提を、まず認めるのです。

そして易占いとは、その関係を発見する方法なのです。**その出来事どうしがなぜ関係しているのか、その理由まではわからないけれど、とにかく関係していることだけは、易によって見つけられるのだ。**——というわけです。

こうした前提は、西洋（プロテスタント）の合理主義的宇宙観では、あり得ません。しかし**ユングは、易占いの根本にある宇宙観に共感した**のです。そうした宇宙観を確立した東洋思想に共鳴したのです。

東洋思想と西洋思想の大きな違い

ユングは、こんな説明をしています。

「西洋は、物事を分類したり選択したりする。だが東洋は、世界を『全体で一つのもの』ととらえる」

西洋は、さまざまな出来事を別々にとらえようとするから、一つの出来事に注目しすぎるあまり、ごく近い出来事どうしの関係しか見えなくなっている。だが東洋では、世界全体をひとまとめにしてとらえるので、遠く離れた出来事どうしの関係でも、自然に感じ取れるようになっている。――と。

ユングは、このようにして西洋的宇宙観と東洋的宇宙観を平等に比べ、その両方の意義を公平に認めました。

ですが、こうした東洋的宇宙観は、西洋では簡単には受け入れられません。

そして、その両方を受け入れたわけです。

ユングは、ある文通相手から「易経の研究所をつくろうと思う」と相談を持ちかけられたとき、こんなアドバイスをしています。

東洋思想と西洋思想の違い

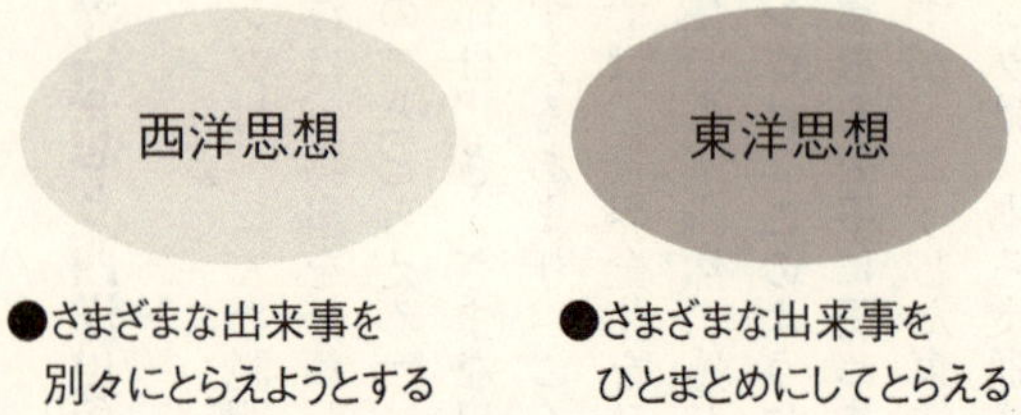
西洋思想
東洋思想
●さまざまな出来事を別々にとらえようとする
●さまざまな出来事をひとまとめにしてとらえる

世界の出来事には、自然科学で説明しきれない関係がある

「西洋人の心の中には、東洋的宇宙観に対するひどい偏見と誤解があります。それらを避けるために、この問題を西洋で示すときには『科学の衣』に包まなければならないでしょう」と。

それでもユングには、易経は世界の真実を示したものだ、という確信がありました。「この世には、自然科学では説明できない関係というものがあり、人の心は、そうした関係をたしかに感じ取ることができるのだ」と。ユングにとって、人の心とは、科学を超える素晴らしいパワーを持つものなのです。

やがて彼は、この易学の宇宙観である「自然科学では説明できないこの世の関係」について、独自の心理学のなかで示したのです。それが**「共時性」**と名づけられたものです。

7 意味のある偶然＝「共時性」とは何だろう？

偶然にも「意味」がある？

Aという出来事が起こった。だからBという出来事が起こった。Aが原因でBが結果。AとBは「因果関係にある」というわけです。

たとえば「大雨で川が増水した」。だから「橋が崩れた」。因果関係とは、社会的事件から自然現象、個人のささいな体験まで、この世のありとあらゆる「出来事どうしのつながり」です。

また、因果関係では、人の意思が原因となる場合も多くあります。たとえば「一所懸命にテスト勉強した」。だから「テストで高得点が取れた」。

では、次のような二つの出来事どうしは、因果関係と呼べるでしょうか。

「ある人が、橋が崩れる夢を見て不安になり、その橋を渡らないようにした」、しばらくして「実際に、橋が崩れる事故が起きた」。

そんなものは因果関係じゃないよと、あなたは言うでしょう。では何でしょうか、その関係は？

「それは、ただの偶然だよ」。そう、それが合理的・自然科学的な答えですね。

しかし、夢を見た当人は「それでも、自分の夢と橋の事故は、何か関係があるような気がする……」と不思議な感じにとらわれるでしょう。

共時性とは「意味のある偶然」のこと

ユングは、こうした事実に対して「本当に関係があるのだ」と説明します。だから、夢を見た当人が何かの関係を感ずるのは当然なのだ、と。

もちろんそれは、自然科学的な因果関係ではありません。「夢を見たから橋が崩れた」のではありません。この場合の因果関係は「大雨で川が増水したから」とか「手抜き工事で橋が損傷していたから」とか、そうした現実が原因でしょう。

それでも、夢を見た当人にとっては、自分の夢と橋の事故はつながりがあるのです。つまり、偶然は偶然でも「意味のある偶然」というわけです。

ユングは、こうした「意味のある偶然」の現象を「シンクロニシティ」と呼びました。「共時性」または「同時性」と訳されます。共時性は、因果関係とはまったく別のものです。しかしこの世にはそうした現象がある、とユングは説きます。

人間は共時性を合理的に理解することはできませんが、たしかに体験できます。その「体験できる」ということが「人の心のパワー」です。つまり**ユングは、易とはこの共時性を知る方法なのだ、と理解した**わけです。

ユングは自らの共時性体験として、次のような例をあげています。ユングが、ある女性の心理治療を行っていたときのことです。

彼女は治療の一環として、自分が見た夢について語っていました。そして、彼女が「夢の中で黄金のコガネムシを受け取った」と話したとき、窓の外でコツコツと音がしたのです。ユングが窓を開けてみると、なんと本当にコガネムシが部屋に入ってきました。しかも、コガネムシは明るい所へ導かれるはずなのに、そのコガネムシは、外よりも暗い部屋の中へと一直線に飛んでいったのです。

彼女はこの事実に何かを感じました。そして、それまでの彼女はガチガチの合理主義者だったのに、それからは柔軟な態度になり、ユングの治療もよく受け入れたといいます。

共時性を「起こす」ことはできない

このように、共時性体験は人の心にとって「よい方向に導いてくれる力」がある。――というのが、ユングの考えです。ただし、ここでよくよく注意しなければならない点があります。

人間は、自然科学的現象ならば、それを合理的に理解し、自らコントロールすることもできます。しかし、本来自然科学とは別のものである共時性は、人間が現実にコントロールできるわけはないのです。

たとえば「テストで高得点を取る」という事実を生み出すために「一所懸命勉強する」というのも、「因果関係をコントロールする」ことになるでしょう。ですが、「テストのお守りを手に入れる」ということと「テストで高得点を取る」ということのつながりは、どうでしょうか。

当人の心の中でつながりがあるという点で、これは、ある種の共時性でしょう。が、それは決して因果関係ではありません。

なのに「このお守りを買えば、あなたは確実にテストで高得点が取れるよ」ななど言い寄ってくる者がいたとしたら、それは、まるで「共時性を因果関係のようにコントロールできるよ」と言っているのと同じです。これは明らかに偽りであり、詐欺なのです。

易は共時性を起こすのではなく知るためのもの

易は、あくまでも「共時性を知る」ことが目的です。「自分に都合のよい共時性を起こす」術などは、決して示していません。

さらに言えば、「共時性の体験を導くのは、体験者の心だ」ということです。共時性の二つの出来事とは「それが起こった」というより「それを実感した」と表現すべきことなのです。

つまりは、人の心のパワーが共時性をこの世に示すのであって、お守りそのものが「共時性現象の主役」なのではありません。この点を勘違いすると、霊感商法などにだまされかねません。

でも、だからと言って「共時性なんて勝手な思い込みや妄想にすぎない」と単純な判断を下してしまうのも考えものです。共時性とはたしかに存在する現象なのですから。

8

錬金術は古代の心理学だとユングは考えた

古代から研究されていた錬金術

ユング心理学のオカルト性をもっともよく示すものが、「ユング心理学と『錬金術』のつながり」でしょう。

錬金術。それは、古代から中世にかけて脈々と大陸で研究されつづけた「もうひとつの化学」です。古代エジプトに起こり、アラビア地域で盛んになりました。ヨーロッパに伝わったのは、中世の十字軍遠征の頃でしょう。

つまりその発祥は、やはりキリスト教思想によるものではありません。これは、その名のごとく「物質を生まれ変わらせて金にする」ことを目的とした研究です。そのために錬金術では、さまざまな物質を焼いたり溶かしたり蒸留したりと、あらゆる化学的作業を繰り返します。

別の物質を金に変えるなど、こんにちの化学では「絶対に不可能」とされています。しかし、錬金術では、それが「できる」と前提したうえで、さまざまな物質の研究を何百年もつづけてきたのです。

ユングと錬金術の出合い

五〇代の頃のユングは、人の無意識というものがとてつもなく強大で素晴らしい力を持つのだという、絶対的な確信を持っていました。そこで彼は考えたのです。

人類の歴史の中で、自分が発見した「無意識」について、すでにそれを見出していた先駆的研究はなかったのだろうか。私の先輩は、過去にいなかったのだろうか。——と。そして、さまざまな古代の歴史を研究した末、それを発見したのでした。それが「錬金術」だったのです。

ユングは錬金術を初めて知ったとき、「こんな変なものは理解できるはずがない」と思って、ろくに文献も読まず、放り出したといいます。

しかしユングは、それを学んでいくうちに気づいたのです。

「錬金術とは、じつは物質を金に変えることを現実にやろうとしていたのではない。これは、人の心の研究を、物質研究にたとえたものなのだ」

つまり、**錬金術とは古代の化学ではない。古代の心理学なのだ。**――と。

じつに大胆な解釈です。しかし**ユングのこの解釈によって、近代に闇へと葬られた錬金術が、現代人に大きな示唆を与えてくれるものとなった**のです。

錬金術に不可欠な「賢者の石」

錬金術では、物質を金に変えるために、その触媒《しょくばい》（仲立ち）となる特別な物質が必要となります。これを「賢者の石」と呼びます。そして、この賢者の石を介して物質にさまざまな化学的働きかけを行い、金を生み出そうとするわけです。したがって、錬金術の究極の目的は、じつは賢者の石をつくり出すことだと言えます。

ユングは、賢者の石とは、意識と無意識が一つになって人の心が「完全なもの」となった姿を意味しているのだと、解釈しました。そして、**錬金術が説く「賢者の石をつくる苦労」とは、「人が心というものを本当に理解していく苦労」**

を表しているのだと、読み解いたのです。

錬金術の文献には、たとえば「蒸留器の中に怪物が現れる」といった記述があります。この怪物とは、人間の心に普遍的に宿っている絶望や欲望などを示したものであり、こうした怪物との出会いは、やはり「人の心の探究過程」を表しているのだとユングは説明します。

このようにユングは、じつに複雑で奇妙な比喩に満ちた錬金術の内容を、独自の心理学に照らして読み解いていったのです。

ユング全集の三分の一は錬金術!

一九四四年、ユング六九歳の年。彼は『心理学と錬金術』という本を出版します。これ以降、次々と錬金術の研究を発表しつづけます。その結果、なんと『ユング全集』の三分の一が、錬金術について触れている論文となっています。

錬金術とは、「心と物質をひとまとめにして研究」した古代の科学でした。つまり、こんにちの化学研究と心理学研究が合わさったような内容となっていたのです。

しかし人類は、いつしか科学を「物質だけの研究」へと偏らせてしまった。せっかく積み重ねられた「心の研究」は、人々から忘れ去られてしまった。だから近代人は、古代の人々よりも心のことを知らないのだ。

——と、ユングは訴えます。

ユング心理学のオカルト性とは、決して、ただ怪しげなだけの非現実的妄言ではないのです。それは、近代的キリスト教の合理主義・自然科学万能主義が切り捨ててきた、あるいは無視してきた「心の実態の研究」を説明するために必要な要素だった。——というわけです。

9 UFOは現代人の不安がつくり出したもの!?

UFOそのものよりUFO騒ぎに注目

ユングは最晩年にあって、新たなオカルト的問題に真剣に取り組みました。空飛ぶ円盤、UFOの研究をしたのです。

ユングの最晩年にあたる一九五〇年代後半は、UFOの目撃情報が、世界のあちらこちらで頻繁に出てきた時期です。大空を奇妙な軌道で飛んでいく円盤を見たという人が、次々と現れたのです。

ユングは、こうしたUFOの目撃情報に、たいへんな興味をそそられました。UFOを見たという話題が記された雑誌や新聞の切り抜き、それに関係するありとあらゆる資料を、積極的に集めたのです。

しかしユングの場合、一般的なUFO認識とは違うとらえ方で、このUFO騒ぎを考えました。

なぜ、人々はＵＦＯを見たのか。それはＵＦＯが実際に飛んでいたからだ。――と、ふつうは考えます。だから人々は、ＵＦＯはどこから来たのか、あるいは、だれが乗っているのかといった問題におおいに興味をそそられます。そして「宇宙人の存在」に思いを馳せて、空想的な好奇心をおどらせるわけです。

しかし、ユングの場合は違います。ＵＦＯが本当に空飛ぶ物体であろうがなかろうが、ユングにとってはどちらでもよいのです。ユングは「それを人々が見た」という事実こそに、深い意味を見出すのです。

ユングは、ＵＦＯの目撃に、現代人の「無意識のパワーの働きかけ」があったととらえます。

ＵＦＯは人の無意識がつくり出したもの

ＵＦＯは、人々の無意識がつくり出したものではないか。たとえば、かつて自分が人生の岐路に立たされたとき「エルサレムから戻った幽霊たち」を自分の無意識がつくり出したように。

また、もしくは本当に、ＵＦＯは宇宙から飛来してきたものかもしれない。それも、現代人の無意識の働きかけが彼らを呼び寄せたのだ。――と。

ユングはＵＦＯが「現代人の無意識と無関係に存在しているのではない」と、述べているわけです。

そうして、ユングは考えを深めていきます。

なぜ、現代人の無意識は、ＵＦＯを生み出したのだろう。あるいは、呼び寄せたのだろう。

それは、**現代人共通の「不安」を補うものとして、人々の無意識が大空に示したものではないか、と。**

ＵＦＯは「現代の神話」である

時代は、東西冷戦と、そして核兵器の時代です。当時の人々は「今日にも、世界が滅ぶかもしれない。いきなり世界核戦争が起こるかもしれない……」といった漠然とした不安を、だれもが持っていました。

そうした強い不安の「意識」があるとき、「無意識」は、その不安を補ってや

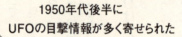

ユングのＵＦＯの解釈

1950年代後半に
UFOの目撃情報が多く寄せられた

↓

ユングは「現代人の無意識のパワーの
働きかけがあった」と推測

↓

「現代人共通の『不安』がUFOを
生み出したのではないか」と解釈した

って心全体のバランスをとろうとします。

そのパワーが、強く現実世界に影響を与えて「ＵＦＯが現れるという事実」を導き出したのではないか。言ってみればＵＦＯは、人々の「不安から救われたい」という心の声に応えるため、現れたのではないか。――と。

ユングは、だからＵＦＯを「現代の神話」と呼びました。古代に生み出された神話とは、人類の共有している普遍的無意識が「物語という形」になったものです。ＵＦＯもまた、現代人一人ひとりの個人的事情を超えた「人類共有の不安感」が形となって生み出された、あるいは呼び寄せられたものなのだから。
――と。

UFOの形が円である理由

さらにユングは、UFOがたいていの場合「円盤」である点も、こうした説明につながると述べています。

人の心全体の様子を表した仏教画の「マンダラ」が「円」として描かれているように、円は、「意識と無意識がバランスよく安定した様子」を象徴する図形です。円は、人間が心の安定を求めるとき心にわき起こる図形なのです。

したがって、UFOが「円盤」なのは、人々の心に「円を見たい」という願望があり、そんな人々の無意識のパワーが集まって、その願望に応える形が導き出されたからである。――とユングは考えたわけです。

そうして**彼は、UFOを「現代のマンダラ」とたとえた**のです。

ユングが、こうした独自のUFO観を示した『現代の神話―空飛ぶ円盤』を出版したのは、一九五八年、八三歳の年です。

当時もやはり「ＵＦＯ話」などは学者やジャーナリストの世界では、通俗的なヨタ話扱いでした。だから「こんなバカげたテーマを取り上げるとは！」と、ユングはずいぶん批判も受けました。

しかし、そうした批判や愚弄《ぐろう》のほとんどすべてが、ユングの論文をろくに読みもせず、理解できていない人たちの誤解だったのです。いつか、ＵＦＯから本当に宇宙人が現れて地球とコンタクトをとったとき、彼らは「我々の地球訪問の意味を本当に理解していたのは、ユングという地球人だった」と言うかもしれません。

ユングの物語4

「ユングをめぐる女性たち」

ユングが、生涯の伴侶とした妻エンマと初めて出会ったのは一八九六年、ユング二一歳、エンマわずかに一四歳のときです。

この時期、ユングはまだ学生で、エンマは、ユングの母親の知り合いの娘だったのです。ユングは用事で彼女の家を訪れたとき、エンマを一目見て「ああ、この女性は将来、私の妻となる人だ」と直観したそうです。

ユングはこの直観にまったく揺るぎがなかったようで、エンマが成人するまで待ち、出会ってから六年後にプロポーズしました。エンマの実家は裕福な工場経営者で、ユングは貧しい勤務医です。経済的には釣り合わない二人だったのですが、そんな問題はエンマにとって……というより、ユングにとって何の障害にもなっていなかったようです。二人は一九〇三年に結婚しました。ユング二八歳の年です。

エンマが「ユングの現実」を支え、助けつづけた功績には、計り知れないものがあります。

彼女の持参財産の恩恵で、結婚後のユングはずいぶんと生活にゆとりを得られました。また、彼女は家庭の切り盛りをテキパキとこなし、子育てにおいても、しつけと愛情のバランスが見事でした。母として妻としてまったく申し分なく、ユングの家庭生活は、エンマのおかげで何の心配もいらなかったのです。

ユングはフロイトと決別した後、大きな人生のスランプに見舞われます。このときもまた、エンマはユングに不平不満の一言ももらさず、ユングの生活環境を守りつづけました。ユング心理学は、エンマの支えなくしては成立しないものだったと言いきれます。

しかし、ユングは彼女と生涯をともにしながらも、別の何人もの女性と関係を持っています。

ユングという男には、女性を引きつける魅力がありました。それはやはり、彼が人の心の探究者であり、自分の無意識の闇をコントロールできていたおかげで、明るく快活で、他者をよく理解できる人間でありつづけられたからです。

そのため、ユングに救いを求めてきた女性患者の多くが、ユングのそばを離れたがらなくなるのです。ユングもまた、彼女たちを拒否しませんでした。ユングは、こうした女性たちとのつながりを、エンマへの愛とは別のこととして、とらえていたのです。

ユングの愛人としては、まずはザビーナ・シュピールラインという女性がいます。

一九〇四年にユングの治療を受けたことをきっかけに、二人の仲は親密となりました。ザビーナは、ユングより一〇歳年下です。やがて、ユングの弟子となって優れた研究を残します。

しかし、彼女はユングと自分との愛人関係に悩み、フロイトに相談したりしていています。フロイトは、このときユングを手紙で批判しました。これには、フロイトがユングの父親気取りだった点も見受けられます。

ザビーナは後に故郷のロシアに帰りましたが、侵攻してきたナチス・ドイツにより殺されました。ユングにとってもザビーナの悲運は大きなショックであり、責任を感じていたようです。

そして、ユングの愛人としてもっとも重要な女性だったのが、トーニー・ヴォルフです。

トーニーもまた、ユングの患者だった女性です。彼女がユングのもとを初めて訪れたのは一九一一年、ユング三六歳、トーニー二三歳でした。

トーニーは、父親の急死をきっかけに心の病に陥りました。ユングは、彼女に打ちこめる仕事を与えることが治療につながると見抜き、彼女を助手として働かせました。この治療は見事に功を奏して、彼女は優れた心理学者になっていきます。

トーニーは決して、だれにでも好かれるような温和なタイプではなかったようです。愛想がよいとはお世辞にも言えず、この点、エンマとは対照的でした。

しかしユングにとってトーニーは、精神的にもっとも頼れるパートナーとなっていきました。彼女は、学問のうえでユングの最大の理解者であり、よきアドバイザーでもありました。それほどに才能ある女性だったのです。彼女は、「ユングの心理」を支えてくれる人でした。

ユングは悩んだ末、トーニーを自宅に住まわせました。妻エンマとトーニーは、一つ屋根の下で暮らすことになったのです。ユングは、それがどうしても自分にとって必要なことだと考えたのです。

当然エンマは苦しみました。が、彼女はユングの決断を認めたのです。トーニーは、妻公認の夫の愛人となったわけです。

一方のトーニーも、エンマの妻の座を認め、ユングの家庭を壊さぬよう気遣いながら暮らしました。トーニーにもトーニーの苦しみがあったわけです。それでも二人は、ユングを支えつづけたのです。

「夫は、トーニーに何かを与えるために私から何かを奪うことは、決してなかった。むしろ、トーニーに与えれば与えるほど、私にそれ以上のものを与えようとした」

エンマは、のちにこんな言葉を語っています。

トーニーは一九五三年に、エンマは一九五五年に、それぞれ亡くなりました。二人とも、ユングより先に逝ってしまったのです。ユングが亡くなったのは一九六一年です。

著者紹介
長尾 剛（ながお　たけし）
東京生まれ。東洋大学大学院修了。作家。
主な著書として、『日本がわかる思想入門』（新潮OH! 文庫）、『知のサムライたち』（光文社）、『手にとるように「おくのほそ道」がわかる本』（かんき出版）、『話し言葉で読める「方丈記」』『世界一わかりやすい「孫子の兵法」』『広岡浅子 気高き生涯』『大橋鎭子と花森安治 美しき日本人』『近代日本を創った7人の女性』（以上、ＰＨＰ文庫）などがある。
また、『漱石ゴシップ』（文春文庫）、『漱石学入門』（ごま書房新社）、『漱石の「ちょっといい言葉」』『あなたの知らない漱石こぼれ話』（以上、日本実業出版社）、『もう一度読む夏目漱石』（双葉社）、『漱石復活』（アリアドネ企画）、『心が強くなる漱石の助言』（朝日ソノラマ）、『ねこ先生』（ＰＨＰ文芸文庫）、編著として『人生というもの』『漱石ホラー傑作選』（以上、ＰＨＰ文庫）等、夏目漱石に関する編著書も多い。

この作品は、2007年12月にかんき出版から刊行された『手にとるようにユング心理学がわかる本』を改題し、加筆・修正を施したものである。

ＰＨＰ文庫　心のトリセツ「ユング心理学」がよくわかる本

2017年４月17日　第１版第１刷
2024年５月31日　第１版第４刷

著　者　長尾剛
発行者　永田貴之
発行所　株式会社ＰＨＰ研究所
東京本部　〒135-8137 江東区豊洲5-6-52
ビジネス・教養出版部　☎03-3520-9617(編集)
普及部　☎03-3520-9630(販売)
京都本部　〒601-8411 京都市南区西九条北ノ内町11
PHP INTERFACE　https://www.php.co.jp/
組　版　有限会社エヴリ・シンク
印刷所
製本所　大日本印刷株式会社

ISBN978-4-569-76707-9

PHP文庫

話し言葉で読める「西郷南洲翁遺訓」

無事は有事のごとく、有事は無事のごとく

長尾 剛 著

理想の国家とは？ 指導者が備えるべき資質とは？ 国家観からリーダー論・税制まで、西郷隆盛が思い描いた「国のかたち」を現代語訳。

PHP文庫

広岡浅子 気高き生涯

明治日本を動かした女性実業家

長尾 剛 著

2015年秋から放送された朝の連続ドラマの主人公のモデルとなり、「明治の女傑」と称された広岡浅子。波乱に満ちたその生涯とは。

PHP文庫

大橋鎮子《しずこ》と花森安治《やすじ》 美しき日本人

長尾 剛 著

2016年春から放送の朝のドラマのモチーフとなった大橋鎮子と花森安治の評伝。国民的雑誌を生み出した二人を戦後史・民衆史から読み解く。

PHP文庫

近代日本を創った7人の女性

長尾 剛 著

津田梅子、下田歌子、岡本かの子……。朝ドラのヒロインに匹敵するほど魅力的な女性たちの劇的な半生を、感動的に描いた列伝評伝。

PHP文芸文庫

ねこ先生

長尾 剛 著

ウツを発症した金之助の話し相手は、黒猫⁉ 文豪・夏目漱石が誕生するまでの舞台裏を、史実に基づき、感動的に描いた傑作長編小説。